성공할 수밖에 없는
매매 습관 들이기

지은이 박용삼

월드에프엔에이치(world fnh) 추장
1996년 주가지수 선물, 옵션 거래 시작
2011년 8월 시스템프로그램 "1" 개발
네이버카페 "탑선물옵션" "주식과 같이하는 선물거래" 매니져
現) 프리캡 bj

저서
기회는 매초마다 온다

알아두면 좋은 주식 선물 거래 비법!

성공할 수밖에 없는
매매 습관 들이기

주식 국내선물 해외선물 실전거래

박용삼 지음

맑은샘

우리가 다루는 선물거래는 높은 레버리지로 인해 잠시의 판단 착오를 하게 되면 시장은 가혹한 상처를 준다. 처음 시장에 참여하는 거래자가 얼마의 위험에 노출되어 있고 어떠한 습관을 가져야 수익을 얻을 수 있는지 누구도 알려주지 않는다. 또한 계속 손실을 당하고 있는 거래자가 있다면 어떤 잘못된 습관이 손실을 불러왔는지를 알아야 하지만 알 수도 없고, 안다고 하더라도 실행까지 하기는 쉽지가 않다.

이 책은 크게 4부분으로 나누어져 있다.
- 추세와 수급
- 매도 후 홀딩전략
- 주식과 같이하는 선물거래
- 시장과 상관없이 승리하는 거래

이렇게 나눈 것은 각각의 상황에 맞게 느낌으로 나눈 것에 불과하다.

책을 읽다보면 느끼겠지만 똑같은 이야기를 계속 반복하고 있다. 똑같아 보이는 차트와 똑같은 이야기를 계속하고 있다. 그 이유는 거의 모든 거래자들이 책에서 이야기하는 똑같은 실수를 반복하고 있기 때문이다.

손실을 계속하게 하는 잘못된 습관을 고쳐야 한다. 아주 작은 습관을 고치고 나서야 그 작은 습관이 얼마나 큰 손실을 만들고 있었다는 것을 알게 된다.

이 책을 통해 현재 힘들어하는 거래자가 있다면 수익을 얻는 좋은 습관을 가지게 되기를 희망해 본다.

이 책은 유안타증권의 HTS를 활용하여 만들어졌다. 유안타증권의 경우 지점창구에서는 제휴업체 안에 '월드에프엔에이치 추장'으로, 비대면으로는 투자 유치자를 전문가 그룹 안에 '월드에프엔에이치 추장'으로 등록하면 누구나 해외선물의 수수료를 3불로 거래할 수 있으니 비싼 수수료로 거래하는 거래자라면 활용하기 바란다. 물론 주식과 국내지수 선물도 등록이 가능하다

　기타 문의 사항이 있으면, 아프리카TV가 운영하고 있는 프리켑에서 '추장'으로 장중 생방송을 하고 있고, 네이버 카페 '탑선물옵션'과 '주식과 같이하는 선물거래'에서 매니저를 하고 있으니 세 군데로 문의하면 된다.

2018년 9월
추장 박용삼

차례

2장 sell and hold strategy(매도 후 홀딩 전략)

3장 주식과 같이하는 선물 거래

4장 시장과 상관없이 항상 승리하는 거래

5장 새로운 기회, 해외선물

PART 1

추세와
수급

모든 거래에서 가장 중요하다고 생각되는 것은 추세다. 추세에 맞추어 거래를 한다면 수익을 얻을 수 있다. 열심히 노력을 하지 않아도 추세에 맞추어 거래를 하면 수익을 얻을 수 있는 시장이 선물, 해외선물 시장이다. 특히 한국 선물시장에는 투자자별 거래에 대한 정보를 제공하고 있다. 따라서 거래 주체별 수급과 추세를 접목하여 거래를 한다면 무리 없이 수익을 얻을 수 있는 시장이다. 추세와 맞추어 같은 방향의 수급으로 방향이 만들어진다면 그 방향은 진실로 맞는 방향이며 큰 수익을 얻을 기회라는 것을 단언할 수 있다.

이 책에서 보여주는 차트는 넓은 범위의 시장에서 가져왔다. 차트에 나오는 파란선은 장기 이평, 빨간선은 단기 이평이다. 주식, 선물, 해외선물 등의 차트를 구분하지 않고 가져와 설명하였다. 여러 가지 시장에서 동일한 기법을 가지고 거래하는데 문제가 없었기 때문이다.

현재 손실을 당하고 있는 거래자가 있다면 이 책을 읽음으로 인해 수익의 단초가 마련하기를 희망한다.

"거래는 예측이 아니라 대응의 영역이다"

01 추세

(1) 추세의 뜻

■ **추세**

a. 어떤 현상이 일정한 방향으로 나아가는 경향

b. 어떤 세력이나 세력 있는 사람을 붙좇아서 따름

• 장기추세: 거래자가 정하기 나름(30분, 120분, 일, 주 등등)

• 단기추세: 장기추세보다 기간이 짧은 추세(틱, 1분, 3분, 5분 등등)

• 거래하기 위한 차트: 거래자가 거래하기 위해 정한 차트(혹은 신호가 발생되는 차트)

추세란 한번 움직인 방향으로 계속 진행하는 것을 말한다. 즉 하방으로 진행이 되면 계속 하방으로 진행되는 것을 말한다. 상방의 경우는 계단식 상승을 하는 경우가 많고 하방의 경우 급락의 가능성이 더욱 많다. 즉 오를 때는 천천히, 내릴 때는 급하게 내리기 마련이다. 따라서 상방은 수익을 얻을 때까지 많은 시간이 걸리고 하방은 단기로 수익을 얻기 쉽다.

(2) 역추세 매매는 꼼수다

거래 중에 역추세 매매를 한다는 것은 꼼수를 부리는 것이다. 꼼수로 거래를 하다 다행스럽게 작은 수익을 얻게 되면 다행이지만 지수가 반대로 움직이면 큰 손해를 당한다. 그러니 거래의 고수라면 역추세 거래 자체를 할 이유가 없다.

거래를 할 때 먼저 자신이 있는 위치를 큰 차트(장기차트, 예를 들면 30분, 120분, 일봉 등)를 보며 추세를 파악하여야 하며 그 추세에서 나타내는 파란선(기준선)을 돌파하지 않는 한 단방향 거래에 치중해야 한다. 즉 큰 차트에서 추세의 전환이 발생되지 않는 한 거래의 방향은 계속되어야 하며 역추세는 배제되어야 한다.

추세 하락 중에, 하락에서 수익으로 청산을 한 후에 개인적인 생각으로 "너무 많이 하락하였다"는 생각에 매수로 전환을 하여 진입을 하는 경우가 있다. 하지만 "너무 많이 하락하였다"는 근거는 어디에도 찾을 수 없다. 차트에서 파란선(기준선)을 터치하지 않는다면 매도 혹은 청산 후 관망을 하고 있어야 한다. 따라서 매수로 진입을 해서는 안 될 것이다. 누누이 이야기하지만 거래의 근거는 차트에서 찾아야 한다.

(3) 추세에는 관성이 있다

보통 추세가 형성되면 우리가 생각하는 만큼보다 더 가는 경향이 있다. 따라서 섣부르게 한계를 생각하여서는 안 된다.

코스피200 지수 선물을 예로 들어보자.

추세를 만드는 주체(외국인, 기관 등등)는 추세를 만들려고 자금을 투자했을 것이다. 만일 작은 추세를 만들려고 2,000 계약을 투자했다면 2,000 계약×20,000,000원=40,000,000,000원의 증거금이 필요하게 된다. (2017.3.27.부터 1계약 당 거래승수를 50만 원에서 25만 원으로 인하해서 4,000 계약×10,000,000원으로 계산된다.)

기본적으로 약 400억의 증거금이 잡혔다면 기본적인 수익률을 얼마를 생각해야 할까?

기본 40억 정도인 약 10% 정도의 수익은 생각할 것이다. 40억/(20,000계약×선물 1포인트(500,000)=10억) = 약 4포인트 정도의 움직임이 필요하게 된다. 즉 추세를 만든 거래 주체는 약 4포인트 이상의 추세를 만들어야 어느 정도 수익을 얻을 수 있다는 말이다. 물론 옵션이나 현물을 움직여 다른 수입을 얻을 수 있다는 것을 알지만 일단 선물만을 보며 이야기할 때 그렇게 이야기할 수 있다. 따라서 특정거래 주체가 선물 1만 계약 이상의 포지션을 취하고 있다면 일단 거래 주체의 움직임을 면밀히 살피면서 거래해야 한다.

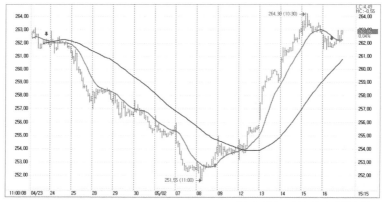

2014.4.23.~2014.5.16. 30분 차트

(4) 추세를 판단할 수 없다고 생각되면 밖에서 시장을 보자

안에서는 볼 수 없는 것을 밖에서 볼 수 있다. 추세를 모르면서 시장에 있는 것처럼 위험한 것이 없다.

추세 중이라고 생각되면 청산한 후에도 역으로 진입해서는 안 된다. 조금 빠르게 진입하여 조금 더 수익을 얻으려고 애쓰지만 실지로는 큰 손실을 당할 가능성이 있는 역추세 매매가 될 수 있다. 차라리 다음 기회(신호)까지 기다려라. 추세가 변하는 것은 많은 시간이 필요한 법이다.

　방금 전 추세 매매로 수익을 얻었다면 바로 반대로 거래하지 마라. 아직 추세 중에 있고 많은 시간이 지나지 않았다. 그리고 추세의 앞에 움직이려 하지 말고 추세가 움직인 것을 확인하고 움직여도 큰 수익을 얻을 수 있다. 추세는 쉽게 변하지 않기 때문이다.

　추세의 끝이 가장 화려하다. 만일 중간에 청산하고 나왔다면 화려한 끝을 보고 반대로 매매하여야 한다.

(5) 추세를 판단할 수 없을 때는 조금 더 큰 추세를 보라

　나의 경우 보통 120분봉 차트로 추세를 판단한다. 하지만 이리저리 움직이며 추세를 판단할 수 없을 때가 있다. 그런 때는 그것보다 더 큰 추세를 보며 판단하면 된다.

　자잘한 파동에 따른 움직임은 휩소Whipsaw를 쉽게 만들 수 있다. 그러한 휩소에도 추세는 항상 제 갈 길로 가게 된다. 제대로 추세를 타고 있다면 손절을 할 필요조차도 없이 지수가 움직인다. 고

비고비마다 반대의 신호를 주지만 결국에는 다시 추세로 회귀하고 손실 없이 수익을 주고 있는 것을 자주 볼 수 있다.

(6) 대부분의 거래자들은 비슷한 차트를 본다

거의 모든 거래자들은 비슷한 차트를 보고 있다. 또한 각각의 신호들을 보유하고 있을 것이다.

내가 보는 차트는 아주 특별한 차트가 아니다. 증권회사에서 제공해주는 차트를 조금 고쳐서 보고 있다. 다른 거래자 역시 다를 바 없을 것이다. 만일 내 차트에서 하락의 신호가 나왔다면 다른 거래자의 신호에서도 역시 하락신호가 나왔거나 나오게 될 것이다. 왜냐하면 각각의 신호는 설정에 대한 부분만 다를 뿐이지 거의 동일한 프로그램으로 이루어져 있기 때문이다. 단지 나의 신호가 조금 빠르게 나오든지 늦게 나왔을 뿐인 것이다.

추세에 기초한 이러한 신호를 놓쳐서는 안 된다. 이러한 신호는 대부분 시장에 진입해 있지 않은 상태에서는 쉽게 눈에 보이지만 거래 중에 있다면 쉽게 눈에 띄지는 않는다. 이유는 거래에 몰입이 되어 있는 상태에서는 냉철한 판단을 하기 쉽지 않기 때문이다. 따라서 너무 많은 시간에 시장에 진입해 있는 것을 경계해야 한다.

계속 거래 중에 있다고 꼭 수익을 얻는 것은 아니기 때문이다.

가끔 자신의 차트를 다른 거래자와 다르게 꾸미려고 노력하는 거래자를 발견하곤 한다. 다른 거래자와 다른 때에 진입과 청산을 한다면 수익을 얻을 가능성이 더 적어진다. 남들 매도하고 있을 때 매도하고 남들 매수할 때 매수해야 돈을 벌기 때문이다.

(7) 반드시 기준선(파란선)을 기준으로 삼아라

거래 중에 물타기의 유혹을 계속 받게 된다. 물타기 유혹의 대부분은 미리 진입한 계약으로 인한 경우가 많다. 적절한 때 청산을 하지 못하고 가지고 있음으로 인해 신경이 거기에 쏠려서 자꾸 차트를 보게 되는 것이다.

거래자들은 종종 자신들이 의도하지 않지만 자주하는 물타기를 어떻게 하면 회피할 수 있는지 나에게 묻곤 한다. 이 말은 바꾸어 말하면 습관적으로 자신이 의도하지 않는 물타기를 거의 모든 거래자가 하고 있다는 것이다. 그때 나는 물타기를 회피하는 방법으로 기준선(파란선)에 대한 이야기를 한다. 최소한 장기적인 지표 중에 하나인 파란선을 기준으로 하여 거래하면 된다.

잠시 차트를 보자.

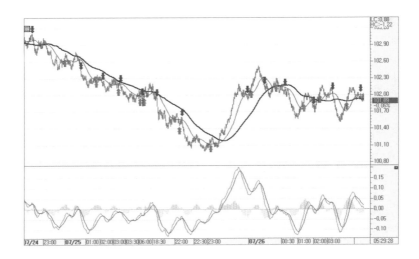

　이 차트를 보면 장기적인 지표로 파란선과 조금 더 단기적인 빨
간선을 가지고 있다.

　자신이 자주 쓰고 있는 장기적인 지표(예: 20일 선, 60일 선, 120일
선 등등) 아무것이나 상관이 없다. 마찬가지로 단기적인 지표(예: 5일
선, 장기지표 1/5 정도의 지표)를 설정하면 된다.

　파란선 위에 빨간선, 그 위에 지수가 있으면 정배열이 되고, 파란
선 아래에 빨간선, 그 아래 지수가 있으면 역배열이 된다. 정배열일
때 매수로 접근하고 역배열일 때 매도로 접근하면 추세에 맞추어
거래하는 것이 될 것이다. 만일 물타기를 하더라도 이 파란선을 기

준으로 거래하면 충분히 수익을 얻을 수 있을 것이다.

이 책을 쓴 것은 이러한 기준선(파란선)을 기준으로 거래하는 거래자가 많아지기를 희망해서다. 파란선을 기준으로 거래를 할 때 발생되는 여러 가지 사항에 대해 알려주고 싶었다.

거래자가 가장 많이 하는 실수 중에 하나가 자신이 정한 기준 없이 그때그때 자신의 마음이 동하는 거래를 하는 것이다. 지수가 급하게 움직이는 모양에 현혹되어 즉각적인 반응으로 거래를 하는 경우가 많다. 거래자가 자신의 기준이 있다면 그러한 휩소를 걸러내고 자신이 원하는 때를 기다리다 진입하게 되면 수익을 얻기 쉽게 된다. 따라서 차트에 자신의 기준이 될 것을 마련하고 그것을 보면서 거래하는 습관이 필요하다.

실지로 차트에 자신의 '기준선(파란선)'을 보이게 하면서부터 자신의 잘못을 알 수 있게 된다. 자신이 무엇을 잘못하고 있는지도 모르면서 잘못을 고치며 앞으로 나아갈 수 있을 리가 없다.

기준에 맞는 거래를 하는 것은 기다림을 시작하게 한다. 모든 거래에 참여할 필요가 없다는 것을 기준선을 정하면서 알 수 있게 된다. 따라서 기준선을 차트에 넣으면서 거래자가 거래할 준비가 되었다고 할 수 있다.

(8) 물타기

큰 추세가 발생되면 개인 선물옵션 거래자들은 큰 손실을 당하기 마련이다. 이유는 대부분의 개인 거래자들이 손실이 났을 때 물타기를 하기 때문이다. 추세에 따라서 거래를 하게 되면 큰 손실은 발생되지 않는다. 대부분의 손실은 역추세로 물타기를 했을 때 발생되게 된다.

예를 들어 아침부터 점심까지 선물지수 3포인트의 상승을 하였다고 하자. 이때 개인 거래자들 중에 약간의 수익을 얻고 청산을 하였다면 지수가 많이 올랐다고 생각을 하고 매도를 준비를 하게 된다. 즉 추세는 상방으로 계속 진행되고 있는데 매도를 생각한다는 말이다.

역추세 매매를 하겠다고 생각하고 지수의 움직임이 하방으로 갈 것이라는 생각에 매도를 하게 된다. 그러나 추세는 상방이라 시간이 지난 후에 손실이 발생하게 되고 그 손실을 줄이고자 물타기를 하게 된다. 이러한 물타기는 주식에서는 요긴하게 쓸모가 있을지 몰라도 선물옵션에서 손실이 발생할 때는 큰 손실의 가능성이 있는 거래 방법이다.

잘해야 본전이라는 말이 있다. 선물옵션에서 손실이 발생할 때 물타기를 해서는 안 된다. 특히 역추세 때는 더욱더 해서는 안 된다.

물타기는 손실이 발생할 때 하는 것이 아니라 수익이 발생된 때 더욱 많은 수익을 위해 계약수를 추가하는 물타기를 해야 한다고 나는 자주 주장한다. 제대로 된 추세장에서 추세에 맞추어 수익이 발생되는 때 계약수를 추가하는 물타기를 한다면 큰 수익을 얻을 수 있다. 혹시 반대로 움직여 손실이 발생될 가능성이 있을 때는 그냥 본전에 청산하면 그뿐인 것이다. 즉 최대로 많은 수익을 얻을 수 있는 수익은 추세에 맞추어 추가하는 물타기다. 혹시 지수가 반대로 가더라도 최소한 본전을 한다는 말이다.

거래를 할 때는 수많은 지지선과 저항선을 맞으며 지수가 움직인다. 그러한 지지나 저항을 맞을 때 우리는 청산하거나 더욱더 많은 계약수를 넣거나 한다. 나는 손실이 발생될 때는 청산(손절)하는 것에 동의하며 더욱더 많은 계약수를 넣음으로 인해 큰 손실을 입는 것을 해서는 안 된다고 하는 것이다. 또한 손실을 입고 있는 상태를 오랫동안 유지해서는 안 된다. 추세가 바뀔 것이라는 막연한 생각으로 손실을 당한 계좌를 오래 유지하는 것은 좋은 방법이 아니다. 특히나 추세가 변화된다는 어떠한 차트의 모양도 나오지 않는 상황에서 계속 손실을 감내하는 것은 좋지 못하다. 차라리 청산을 하고 추세가 바뀔 때 재진입을 하는 것이 더욱 좋을 것이다.

- **■ 역추세 물타기**

추세가 상방일 때 매도로 진입한 후에 다시 물타기를 2번했을 때의 모습이다. 큰 손실이 불가피하게 나타난다.

2014.5.28. 선물 틱봉 차트

▪ 추세 물타기

추세에 맞추어 매수로 진입을 했다면 진입한 후에 2번의 매수 기회가 발생되었다. 추세로 물타기를 했다면 큰 수익이 발생된다. 즉 물타기는 추세 물타기를 해야 한다.

2014.5.28. 선물 틱봉 차트

(9) 추세 추종이란?

추세를 추종한다는 것은 추세가 만들어지는 과정에는 진입을 하지 않고 추세가 만들어진 후에 진입을 한다는 의미다. 추세가 만들어졌는지 확인이 되지 않은 시점에서의 거래는 배제되어야 한다.

거래자들이 가장 많이 하는 실수 중에 한 가지는 거래를 너무 쉽게 생각한다는 것이다. 한 번의 거래를 통해서 얼마나 많은 실수들이 만들어질 수 있는지 생각해 보아야 한다. 특히 추세가 어디인지 모르는 상태에서의 단 한 계약수의 거래(진입)는 어쩌면 몇 시간 혹은 하루, 정말 많게는 몇 달의 고통을 감내해야 하는 경우가 있다.

가장 중요한 것은 추세이며 추세에 역행해서 거래하고 있다는 것을 인지함과 동시에 바로 청산, 그리고 추세 방향의 진입이 되어야 한다. 만일 이렇게 반대방향의 진입이 힘이 든다면 최소한 역추세로 진입해 있는 것의 청산은 반드시 해야 한다.

많은 시간이 지나면 지날수록 추세는 더욱더 강해진 경우가 많다. 즉 더 많은 시간이 지남과 동시에 더 많은 손실을 당하게 되어 있는 것이다. 추세는 더욱더 강해지는 속성이 있음을 잊지 않아야 한다. 따라서 조금 늦게 거래를 한다고 하더라도 늦어서 수익을 얻을 기회가 더 적어지는 것이 아니라 더욱더 확실한 추세를 따라서 거래를 하니 손실이 적어진다고 생각해야 할 것이다.

⑽ 주가지수 선물은 계속 상승하게 되어있다

우리가 거래하는 종목 중에 주가지수 선물(예: 코스피200 선물, S&P 선물, 나스닥 선물…)은 꾸준히 상승해 왔으며 앞으로도 상승하게 될 것이다.

가만히 상장된 주식의 가격을 살펴보면 상장된 기업이 영업을 통해서 생존해 나가는 동안 화폐의 가치는 시간이 지날수록 낮아져 왔다. 즉 10년 전에 5,000원의 가치와 지금의 5,000원의 가치는 똑같지 않다. 따라서 그때의 물건 값이 5,000원 하던 것이 지금은 3만 원 정도 하는 것을 생각할 때 주식 역시 비슷한 비율로 상승한 것이 타당할 수 있다. 즉 지수는 가만히 있어도 돈의 가치하락 만큼 올라가는 것이 맞다. 따라서 선물 가격은 계속 상승하게 되는 것이다. 매수자가 유리한 시장이라 할 수 있다

통상적으로 영업일수 20일을 기준으로 횡보 또는 상승이 약 70~80%인 14~16일 정도 이루어진다. 하락의 경우 약 20~30% 정도의 하락이 존재하니 약 4~6일 정도 하락이 나타난다. 따라서 매수자는 오랜 시간을 가지고 있어도 되지만 매도자는 오랫동안 가지고 있어서는 안 된다는 생각을 해야 할 것이다. 며칠 동안 계

속 하락하는 장이 자주 나오지 않는다는 생각으로 접근하는 것이 좋다.

지수의 상승은 천천히, 지수의 하락은 급하게 이루어지는 것이 통상적이다. 우리가 기억을 하여야 할 것은 매도는 짧게 운영을 하여야 한다는 것이다.

(11) 수익 때는 많은 계약수, 손실 때는 적은 계약수

거래할 때 자주 범하는 실수가 있다. 거의 모든 거래자들이 하는 것이다. 손실을 당할 때는 많은 계약수로 당하고 수익을 얻을 때는 아주 적은 계약수로 수익을 얻는다. 가만히 생각해보면 계속 이렇게 거래를 하면 손실만 당하고 계좌폐쇄를 당한다.

당연히 수익을 얻으려면 반대로 해야 한다. 수익을 얻을 때는 많은 계약수로, 손실을 당할 때는 적은 계약수로….

그러나 현실적으로 그렇게 거래를 하는 거래자는 별로 없다.

그렇게 하지 못한다고 하더라도 한 가지 쉽게 할 수 있는 것이 있다. 그것은 손실을 당하고 있다면 계약수를 추가하지 않는 방법이다. 즉 수익을 얻기 위해 방향을 설정하고 들어갔는데 지수가 그 반대로 가서 손실을 당하고 있다면 손실을 당하는 방향으로 추가로 진입을 하지 않는 것이다.

반대로 수익이 발생된 상태에서 같은 방향으로 계약수를 추가한다면 그것은 이미 수익 중이기에 무리 없이 더 수익을 얻을 가능성이 있다. 즉 수익의 상태가 아닌 손실의 상태에서 추가로 무언가를 하려고 노력하지 않아야 한다는 것이다. 오히려 손실을 줄이려는 노력, 즉 계약수를 줄이는 노력을 한다면 그것은 좋은 일이다.

무엇보다도 수익을 더 얻는 방법과 손실을 줄이는 방법은, 수익 중에는 많은 계약수로 진행해야하고 손실 중에는 적은 계약수로 진행하는 방법 외에는 없는 것이다.

거래 신호
(시스템 트레이딩)

보통 개인 거래자의 경우 자신의 차트 안에 신호를 발생시키지 않는다. 신호가 발생되지 않는 차트를 보며 거래하는 경우에는 어느 때 매수하고 어느 때 매도해야 하는지 정확하게 특정 지을 수 없다. 따라서 거래의 원칙을 만들 수 없기 때문에 자신이 어떠한 잘못을 했는지도 역시 알 수 없다.

모든 거래는 실지로 단순히 매수와 매도 두 가지 방법 외에는 존재하지 않는다. 이러한 매수와 매도로 인해 수익 혹은 손실이 발생한다.

정말 거래의 핵심적인 부분은 사고팔 때를 특정하여야 한다는 것이다. 이러한 특정한 시점이 얼마나 정확한가에 따라 손실 혹은 수익이 정해진다.

나의 경우는 신호와 동시에 장기 이평

＊ 신호를 발생시키는 방법은 예스스톡(yesstock. com) 사이트에 가면 시스템 트레이딩에 대한 수식 작성과 적용시키는 방법들을 상세히 알 수 있다. 이러한 신호를 만들고 과거의 데이터를 가지고 검증을 한 후에 만족스러우면 거래에 적용하면 된다.

인 '파란선'과 단기 이평인 '빨간선'을 기준으로 거래한다. 하지만 시스템 트레이딩에 맞는 신호 역시 중요하다 할 수 있으며 변동성이 클 때 많은 수익을 얻을 수 있는 방법임을 거래를 통해서 확인할 수 있을 것이다.

이러한 시스템 트레이딩을 하는 방법은 거래를 오래한 거래자라면 반드시 알아야 하는 것이다. 즉 거래의 한 과정이라고 이해해야 할 것이다. 꼭 거래에 활용을 하지 않더라도 꼭 알아야 하는 과정이다. 특히나 현재 거래를 하는 것의 70% 이상이 기계(시스템 트레이딩)로 하기에 이러한 것을 알고 있는 것과 모르고 있는 것은 상당히 다른 결과를 만들 수 있으므로 무조건 알아야 한다.

추세가 생성이 되면 상당히 오랫동안 유지되는 경우가 많은 이유를 시스템 트레이딩을 배우면서 더 잘 알 수 있을 것이다.

(1) 각각 거래자에게 맞는 기간의 신호가 발생되게 한다

차트를 큰 차트(장기, 30분봉 차트, 120분봉 차트, 일봉 차트 등)와 작은 차트(단기, 5분봉 차트, 1분봉 차트, 틱봉 차트 등)에 맞는 신호를 발생시킨다.

우리가 흔히 이야기하는 추세라고 하면 큰 차트(장기 추세)를 말한다. 이러한 큰 차트(장기 추세)에 맞는 신호로 하루의 방향을 정하여 거래한다. 또한 작은 차트(단기적인 추세)에 맞는 신호로 진입과 청산을 반복하며 단타 거래한다. 즉 장기 추세 신호가 상방일 경우 선물 매수와 청산을 하면 된다. 또한 장기 추세 신호가 하방일 경우 선물 매도와 청산을 하면 된다. 여기서 주의할 것은 단방향으로의 거래를 하여야 한다는 것이다.

(2) 가장 힘든 것이 현재 발생된 신호가 진성 신호인가를 판단하는 것이다

이러한 신호의 대부분은 우리가 설정한 저항선(혹은 지지선)에 다가가고 있는 상태일 것이다. 만일 이러한 저항선(혹은 지지선)에 다다르기 전이라면 일단 가만히 지켜보아야 한다. 진정한 추세라면 이러한 선에 터치를 하며 진행하고 있던 추세로 다시 복귀하며, 또다시 제대로 된 신호를 알려줄 것이다.

거짓 신호를 줄이기 위해 조금 더 긴 기간을 설정할 수 있다. 기간을 짧게 설정하면 휩소를 쉽게 만들게 된다. 기간을 조금 더 길게 설정하면 휩소가 없어

> * 거짓 신호: 휩소
> * 거짓 신호 찾아내기: 기준선을 정하여 거짓 추세를 버리자. 정확한 신호라면 기준선(파란선)을 돌파할 것이다.

질 수 있다. 하지만 기간을 길게 설정하면 중요한 반전의 기회를 놓
치게 될 수 있다는 것도 기억해야 한다.

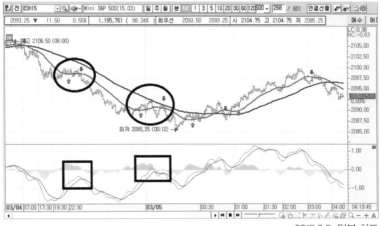

2015.3.5. 틱봉 차트

위에 보이는 것처럼 파란선을 돌파하지 못하면서 상승 신호가 발
생되었다. 이러한 경우에는 신호가 발생이 되어도 의미 있는 상승
인 파란선을 돌파할 때까지 매수를 미루는 것이 오히려 수익에 도
움이 된다. 이유는 위와 같이 지수의 상승이 이루어지지 않고 바로
하락으로 전환되기 때문이다. 나의 경우 시스템신호도 참고를 하지
만 그것보다 더 중요하게 생각하는 것이 파란선이다.

거래하면서 또 하나 주의할 점이 있다. '신호'가 발생되는 것을 보며 거래를 시작했다면 '청산 신호'가 발생되면 바로 청산을 해야 한다는 것이다. 어떠한 현상을 보고 진입을 했다면 그 현상이 사라질 때 바로 청산하여야 한다. 이유가 사라졌는데 계속 가지고 있으면 안 된다. 신호로 진입이 되었다면 청산 신호가 발생되면 바로 청산해야 한다.

03 ∿ 코스피200 지수를 중심으로 '수급'

수급에는 여러 가지가 있을 수 있다. 현물, 프로그램, 선물, 옵션 등등. 우리는 선물 거래를 중심으로 이야기를 해보자.

> * 수급: 수요와 공급을 아울러 이르는 말.
> 수요가 많아지면 비싸지고 공급이 많아지면 싸진다.

선물의 거래에서 수요와 공급의 크기를 결정하는 가장 좋은 방법은 개인의 포지션을 보는 것이다. 주가 지수 선물의 경우 제로섬 게임이다. 즉 누군가의 손실이 발생되어야 누군가에게 수익이 발생된다. 지금까지 코스피200 지수의 움직임은 개인의 손실로 이루어졌다. 즉 개인 포지션을 보면 수급을 확인할 수 있다.

예를 들어 개인의 포지션이 콜옵션을 약 10억 정도를 매수하며 풋옵션을 약10억 정도 매도한다면 개인들은 상방을 원하기에 지수의 움직임은 하락으로 움직이게 될 것이다. 그리고 그러한 포지션이 10억이 아니라 50억으로 설정되어있다면 지수의 방향은 더욱더 하락으로 가려는 움직임을 보일 것이다.

(1) 미결제 약정

코스피200 지수의 움직임이 한 방향으로 추세가 형성될 때 가장 많은 영향력을 행사하는 주체는 외국인이다. 외국인의 미결제 약정의 경우 지수의 움직임을 선도하는 경우가 많다. 특히나 외국인의 선물매도가 당일 1만 계약 이상이 발생된다면 종합주가지수로 약 20포인트 정도의 하락이 발생되는 것을 자주 볼 수 있다. 외국인의 선물 미결제 약정이 누적으로 2만 계약 이상이 만들어지면 지수의 하락이 더욱더 과도해질 가능성이 많다. 이때는 매수로의 접근보다는 매도로의 접근이 수익률에 도움이 된다.

내가 계속 주장하는 것 중에 하나가 지수의 하락이 약 5포인트 정도 하락한다고 하더라도 과도하게 하락하였다는 생각을 하지 말라는 것이다. 개별종목이 몇 개 크게 하락을 하여서 지수가 하락을 그만큼 했다면 아직도 하락할 수 있는 종목이 많이 남았다는 것을 생각해야 한다. 이럴 때일수록 더욱 차트의 신호에 맞추어 거래하는 것이 수익률에 도움이 된다. 지수의 움직임에 혼란함을 느낀다면 더욱더 신호에 맞추어 거래를 해야 한다.

미결제 약정의 영향력이 많이 있는 것은 급한 움직임으로 인해 단기적으로 2000 계약 정도가 움직일 때이다. 지수의 상승에 배팅하여 매수 2000 계약이 매수로 진입했다고 하더라도 지수가 의도하지 않게 조금 하락을 한다면 방금 전에 진입한 2000 계약으로 지수의 변동성이 크게 나타날 수 있는 것이다. 즉 그 2000 계약으로 인해 지수의 하락이 크게 발생하게 하는 공포심을 유발할 수 있는 것이다.

지수의 상승에 맞추어 매수 거래를 한 거래자의 경우 의도하지 않은 하락에 더욱더 떨어질 것을 무서워해 기다리지 않고 바로 청산하고자 노력하는 순간에 지수의 급락이 일어나게 한다. 즉 의도하지 않은 지수의 움직임으로 인해 단기적인 패닉을 경험하며 가지고 있던 포지션을 모두 청산하게 하는 심리적인 영향을 받게 된다. 물론 그러한 지수의 하락으로 인해 변동성이 크게 발생되어 큰 지수의 혼란을 야기하는 것이다.

미결제 약정이란 이러한 단기적인 거래와 일관된 방향으로 지수를 미는 힘으로 작용할 수 있으니 급하게 움직이는 거래를 주의 깊게 살펴봐야 할 것이다.

각각의 증권사에서는 이렇게 투자자 포지션을 제공하고 있다.

| 4030 | 투자자포지션분석 | | | | | | | | A ▢ ✄ ◄ ► ? _ □ X |

종합 현황 | 주체별 현황 | 종목별 현황

○ 순매수 ○ 당일 ● 누적(*최근월물의 누적치) ● 수량 ○ 금액 □ 자동조회 [조회] [차트]
(기준시간 : 01:42:00) [단위 : 계약, 백만원]

구분	외국인	개인	기관계	금융투자	보험	투신	은행	기타금융	연기금등	기타
선물	-5,528,924	+815,706	+5,187,296	+3,164,073	+153,666	+2,207,647	-17,538	+11,515	-332,067	-474,116
CALL 전체	-9,812	+6,803	+16,207	+24,145	-40	-7,879	-18	-1	0	-13,192
PUT 전체	-5,833	-1,496	-26,926	-17,607	0	-8,294	-1,000	-25	0	+34,252

CALL (수량)				행사가	환산지수	PUT (수량)			
금융투자	기관계	개인	외국인			외국인	개인	기관계	금융투자
+32,244	+30,809	-46,480	+17,902	315.0	2444.13	-2,567	+2,559	-1	0
+11,456	+682	-30,453	+33,274	312.5	2424.73	-4,797	+4,809	-4	-1
+19,543	+19,477	-67,744	+49,867	310.0	2405.33	-6,532	+7,638	-1,029	-16
+10,632	+7,724	+61,369	-68,480	307.5	2385.93	-6,685	+9,432	-2,752	+67
+1,633	+1,534	+10,310	-12,120	305.0	2366.54	-1,811	-532	-63	-271
+188	+169	+4,220	-4,092	302.5	2347.14	+10,910	-12,037	+946	+1,071
-22	+36	+1,354	-1,735	300.0	2327.74	+4,350	-3,384	+625	+1,176
-2	-2	-135	-60	297.5	2308.34	-9,321	+14,417	-5,625	-5,540
0	0	-34	0	295.0	2288.95	-3,235	+8,071	-8,299	-7,596
0	0	-20	0	292.5	2269.55	-43,432	+40,125	+3,573	+3,771
0	0	-49	+49	290.0	2250.15	+54,271	-59,877	+4,229	+6,688
0	0	0	0	287.5	2230.75	+19,340	-21,781	+6,781	+9,013
0	0	0	0	285.0	2211.35	+25,627	-37,872	+14,834	+15,462
0	0	0	0	282.5	2191.96	+73,739	-78,622	+10,692	+12,145
0	0	0	0	280.0	2172.56	-5,606	+16,712	-4,153	-2,942
0	0	0	0	277.5	2153.16	+18,177	-17,522	+2,886	+3,713
0	0	0	0	275.0	2133.76	+8,412	-6,344	-1,986	-2,016

※ 상기 자료는 당사 알고리즘을 통하여 제공되는 추정치이므로 참고자료를 이용한 투자의 핵임은 고객에게 있습니다.

그림에서 보는 것은 누적포지션으로 외국인이 강하게 하락을 원하는 것을 볼 수 있다.

2018년도 초부터 장중에 '기타'의 움직임이 단기적인 움직임에 영향을 많이 주고 있다. 선물옵션 만기 날에 가까울수록 기관과 금융투자의 포지션을 더 주의 깊게 살펴야 할 것이다. 각각의 거래 주체의 포지션을 살피다보면 조금 더 시장의 방향을 더 잘 이해하게 될 것이다.

(2) 거래자

기관계와 금융투자의 경우 포지션을 같이 하는 경우가 많다. 특히 기관계와 금융투자가 옵션을 '매수'할 때는 주의해서 보아야 할 것이다. 기관계와 금융투자의 경우 옵션을 거래할 때 양매도에 주력하는 경우가 많다. 이유는 시간가치의 하락으로 대부분의 수익을 확보하기 때문이다. 그러나 이렇게 옵션을 매도하지 않고 매수를 한다면 일단 그쪽 방향으로 크게 움직일 가능성이 많다. 매도로 인한 수익을 포기하고 매수로 대응하기 때문에 작은 수익이 아니라 큰 수익을 얻어야 하기 때문이다. 즉 옵션매도로 약 5틱 이상의 수익이 담보되는 것을 포기하고 매수로 대응하였기에 최소 10틱 이상의 수익이 발생되어야 한다. 그래야 최소 수익이 5틱 이상이 발생되기 때문이다.

따라서 최소한 기관계와 금융투자가 옵션매수로 진행하고 있다면 옵션매수로 진행하는 방향으로 지수가 움직일 가능성이 많으니 주의 깊게 살펴 거래를 해야 할 것이다.

(3) 사는 자와 파는 자의 거래로 가격은 결정된다

옵션의 경우 변동성이 커지게 될 때는 옵션 가격의 변화가 크게 나타난다.

지수가 장 시작하고 10시까지 3포인트 정도 하락이 발생되면 풋의 가격은 크게 상승을 할 것이다. 그러면서 콜 가격의 하락이 풋 가격의 크기만큼 될 것이라는 생각을 하게 된다. 하지만 그렇게 되지 않는다. 이유는 급한 하락 다음에 급한 상승이 될 가능성도 있기 때문에 콜 매도자들은 매도를 그렇게 과하게 하지 못한다. 즉 변동성의 상승으로 인한 양매도는 손실이 불가피하게 발생된다. 물론 그렇게 하락한 후에 10시부터 장 마감까지 꾸준하게 횡보를 한다면 콜과 풋의 가격이 동일한 크기만큼 움직일 것이다. 오히려 양매도의 경우 수익이 발생될 것이다. 하지만 그렇지 않고 지수가 계속 큰 움직임을 보인다면 콜과 풋을 양매도한 거래자는 손실이 발생되며 장을 마감하게 된다.

만일 며칠 동안 주가지수가 1.5 포인트 이내에서 계속 움직인다면 콜과 풋의 프리미엄은 상당히 낮아질 것이며 양매도의 수익이 많이 발생될 것이다. 하지만 이러한 상태가 오히려 더 오래 지속된다면 콜과 풋의 프리미엄도 점차 상승하는 모습을 볼 것이다. 너무 오래 횡보를 하였기에 새로운 기대감으로 프리미엄의 상승이 만들어질 수 있기 때문이다.

옵션은 선물과는 다르게 각각의 지수마다 각각의 거래 주체가 다르게 움직이기 때문에 동일한 움직임을 기대해서는 안 된다. 각각의 거래 주체의 힘(심리)에 의해 정석적인 움직임을 보일 수 없기 때문이다. 특히나 내가격이 아닌 외가격의 경우 그 움직임이 더 크게 나타난다는 것을 주의해야 할 것이다.

옵션의 가격은 신기루와 같아서 갑자기 폭발적으로 나타났다가 사라지는 경우가 많다는 것을 기억하자.

거래의 본질: 싸게 사서 비싸게 판다.

▪ 옵션의 특이성
변동성이 커진다면 비싸지던 것은 더욱 비싸진다.
변동성이 커진다면 저렴한 것은 비싸진다.

변동성이 작아진다면 비싸지던 것은 저렴해진다.
변동성이 작아진다면 저렴해지던 것은 더욱 저렴해진다.

04 코스피200 지수를 중심으로
- 추세와 수급에 맞추어
거래에 적용

(1) 거래는 진입과 청산을 말한다

분명코 진입했다면 분명코 청산이 존재한다. 청산이 수익일지 손실일지는 청산하는 그때 결정된다. 청산이 될 때 수익으로 청산이 될 수 있도록 노력해야 한다.

거래를 하다보면 언젠가 청산을 한다는 것을 잊어버리고 많은 수익을 기다리며 장을 보게 된다. 끊임없이 움직이는 그러한 차트를 보며 수익을 염원하는 것이다. 이러한 때 수익을 올릴 수 있는 가장 좋은 거래의 원칙이 있는 것이다.

분명코 우리는 수익을 열망한다. 수익을 얻을 수 있는 기회에 우리는 수익을 얻고 거래를 청산해야 하는 것이다. 그 수익이 적은 수익 혹은 큰 수익이든 상관이 없다. 청산할 그 때에 우리는 수익을 얻었다는 것이 중요하다. 그 후 우리는 거래를 멈추고 다시 장을 볼 것이다. 또 다른 기회를 얻기를 희망하며….

만일 손실로 청산이 된다면 그것은 무수히 많은 기회 중에 한 번 틀린 것일 뿐이다. 또한 거래 원칙에 맞게 거래를 하였다면 그것으로 만족해야 한다. 그러한 손실을 생각하지 말고 장을 바라보아야 한다.

새로운 기회를 기다리며….

(2) 많은 계약수로 거래할 때도 있어야 한다

거래를 하다보면 다른 때보다 조금 더 수익의 확률이 높은 때가 있다는 것을 알게 된다. 만일 그러한 때가 오면 보통 때보다 많이 배팅을 하여야 한다.

작은 계약수로 거래를 계속하는 것은 이러한 기회가 왔을 때를 기다리는 과정이다. 아무런 거래도 하지 않고 그러한 기회를 기다리는 것은 너무나 힘이 드는 일이기 때문이다. 자신이 생각하는 기회라는 것이 일주일에 1번 정도 오는 것이라면 그리 긴 기다림이라 할 수 없겠지만 그 기회라는 것이 한 달 혹은 석 달에 한 번 오는 기회라면 엄청나게 지루한 기다림일 것이다.

우리는 모든 거래에 자신의 모든 자금을 몰아넣어서는 안 된다. 하지만 자신이 기다려왔던 기회가 왔다면 우리는 많은 계약수로 거래해야 할 것이다. 작은 계약수로 조금씩의 수익을 올리다 이러한 기회에 많은 수익을 얻어야 한다. 작은 계약수로 가끔 손실을 보더라도 상관이 없다. 이렇게 기다렸던 기회에 큰 수익을 얻으면 그것으로 계좌는 계속적인 수익을 얻을 수 있기 때문이다.

거래를 할 때 큰 수익은 가장 중요하다. 큰 수익을 얻을 수 있어야 편하게 거래를 유지할 수 있다. 자신이 원하는 때가 오면 많은 계약수로 큰 수익을 얻으려고 노력해야 한다.

(3) 추세와 수급을 보면서 거래한다

수급의 결정은 코스피200 선물 지수와 주가지수 옵션의 각 거래주체의 포지션을 보며 수급을 판단할 것이다. 특히 개인의 포지션으로 수급을 판단하는 것이 좋은 방법이다. 선물옵션 거래는 제로섬 게임으로 누군가 수익을 얻으면 누군가 손실을 입기 때문이다. 특히 한국의 경우 개인의 손실로 지수가 움직인다고 할 정도로 개인의 포지션과 반대로 지수가 움직이는 경우가 많다. 나의 경우 코스피200 지수 선물 틱봉 차트와 투자자 포지션 분석을 항상 같이 보며 거래한다.

추세와 수급의 방향이 같을 때는 지수가 큰 움직임을 보이는 경우가 많으며 추세와 수급의 방향이 다를 때는 횡보를 보이는 경우가 많다. 따라서 어떤 때는 추세로, 어떤 때는 수급으로 지수의 움직임을 관찰해야 할 것이다.

추세와 수급이 반대로 되어 있을 때는 수급의 강도에 따라서 매수와 매도를 결정한다. (개인 거래 주체가 콜과 풋의 금액 차이가 20억 이하가 될 때는 추세로, 20억 이상일 때는 수급에 따른다) 물론 투자자 포지션 분석을 100% 신뢰해서는 안 될 것이다. 60~80% 정도만 신뢰해야 할 것이다. 항상 예외는 존재하기 때문이다.

추세와 수급의 방향이 같으면 강한 움직임이 발생된다

- **추세와 수급의 방향이 같을 때**

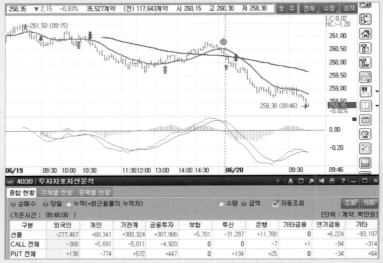

2014.6.20. 오전 9시45분 틱봉 차트

30분(또는 120분) 봉차트에서 매도 신호 중임. 즉 추세는 하락추세.

개인의 포지션이 콜 매수와 풋 매도, 선물 매수 따라서 상방을 보고 있으며 기관계, 금융투자, 외국인은 콜옵션 매도와 풋옵션 매수로 대응 중에 있음. 따라서 하방으로 움직일 때 기관계, 금융투자, 외국인은 수익이 되니 지수의 하락이 더 이루어질 수 있음.

　최소한 지수의 상승은 없고 횡보 혹은 하락만을 생각해야 함. 따라서 현재 비싼 콜을 매도하고 싼 풋을 매도하는 양매도를 추천하며 당일은 금요일이니 시간가치의 하락이 심하게 나타날 수 있음. 선물매도 대응도 가능함.

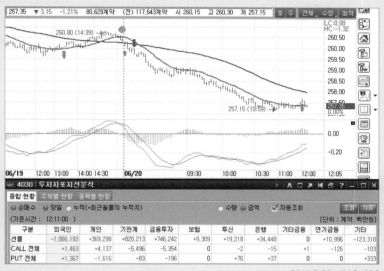

2014.6.20. 12시 10분

　지수가 약 1포인트 정도 더 하락한 상황이 되었으며 포지션의 변동은 없음. 따라서 계속 하방을 향해 움직임을 보이든지 횡보의 모습을 보여야 개인의 손실이 극대화될 수 있음.

　　지수의 하락을 예상할 수 있음. 현재 나타나고 있는 매수 신호는 휩소일 가능성이 많으며 파란선을 돌파하지 않는다면 다시 하락 신호 발생될 것임. 매도 신호 발생 시 매도 대응 유효함.

　　추세가 하방일 때 선물매수 대응은 손실만 당하게 되어 있음.

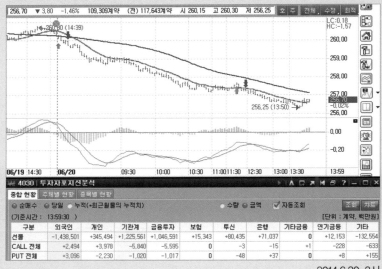

2014.6.20. 2시

　　외국인의 선물 매도 약 11,000 계약이 눈에 띄며 기관계, 금융투자의 풋 매도가 강화되고 있음. 오늘은 금요일이라 시간가치의 하락을 노리며 옵션매도를 늘리는 중임. 개인의 포지션의 변화는 별로 눈에 띄지 않음.

 지수가 약한 반등을 할 수 있을지라도 큰 추세의 변화라고 봐서
는 안 되며 횡보의 모습이라 생각하면 됨. 파란선을 돌파하지 못하
고 횡보할 것으로 보임.

 지금부터 장 마감까지는 거래 주체들이 청산에 주력하는 모습을
보일 것이며 아쉬운 것은 개인의 포지션이 변화가 없다는 것. 장
마감까지 개인의 포지션이 유지가 된다면 장 마감가가 최저가가 될
가능성도 있음.

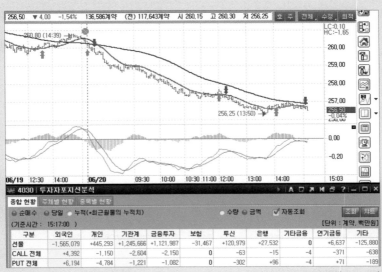

2014.6.20. 장 마감(3시 15분)

외국인의 12,000 계약의 선물 매도와 기관계와 금융투자의 양 매도가 보이며 개인의 콜 매수가 콜 매도로 전환이 되었음. 이렇게 개인의 포지션이 장 마감에 크게 정리가 되는 것은 개인의 경우 오 버나잇을 하지 않으려는 의지로 보이며 내일 추가적인 하락의 모 습을 보일 수 있다는 우려를 낳고 있음. 오늘은 하방으로 일관되게 하락하였으며 선물매수의 경우 어떤 상황이든지 손실이 발생되는 것을 볼 수 있음.

일단 오늘 개인의 손실이 크게 발생된 것으로 보이며 결국 장 마 감에 정리를 할 것이면 미리 장중에 콜 매수는 청산하지 않은 것이 아쉬우며 또한 선물 매수의 경우도 역시 마찬가지.

추세와 반대로 수급에 의해 이루어지는 거래

　장 시작과 동시에 개인의 포지션이 상승에 맞추어 거래되며 지수의 하락을 용인하는 모습임.

　오늘은 장 시작 전에 추세 상승의 모습을 보이고 있었기에 당연히 상방을 보며 거래를 해야 하지만 투자자 포지션 분석(수급)의 논리에 따라서 하방으로 거래를 해야만 수익을 얻을 수 있음. 만일 개인의 포지션이 크게 바뀌지 않는다면 오늘은 계속 하방으로 진입을 시도해야 함. 즉 매도와 청산만 존재해야함. (매수금지)

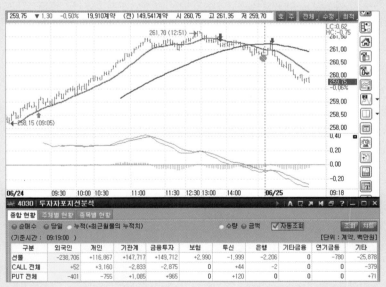

2014.6.25. 9시 15분 틱봉 차트

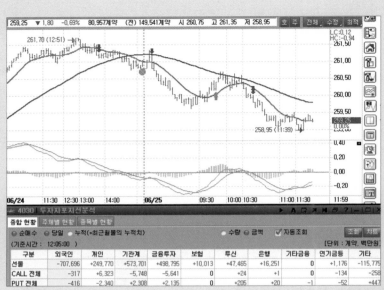

2014.6.25. 12시 5분 틱봉 차트

개인의 상승 포지션이 아침보다 강화되었으며 지수의 하락이 더욱 이루어진 것을 볼 수 있음. 갑작스러운 상승은 기대할 수 없는 포지션임.

기관계와 금융투자의 콜 매도와 외국인의 선물 매도가 강해지고 있는 중임. 현재 섣부른 매수로의 진입은 어려우며 매수 신호 역시 파란선을 돌파하지 못하고 다시 매도 신호가 발생되고 있음. 파란선의 돌파가 발생되지 않는 한 매수로의 진입은 하여서는 안 됨.

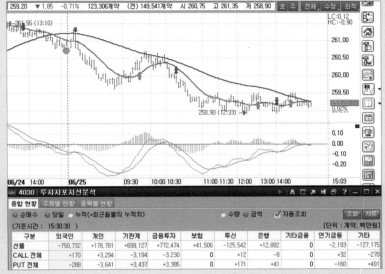

2014.6.25. 3시15분 장 마감 후 틱봉 차트

구분	외국인	개인	기관계	금융투자	보험	투신	은행	기타금융	연기금등	기타
선물	-750,732	+178,781	+699,127	+772,474	+41,506	-125,542	+12,882	0	-2,193	-127,175
CALL 전체	+170	+3,294	-3,194	-3,230	0	+12	-8	0	+32	-270
PUT 전체	-288	-3,641	+3,437	+3,385	0	+171	+41	0	-160	+491

지수는 12시 5분의 지수보다 0.05 포인트 하락하며 장을 마감함. 지수의 변화는 거의 없는 상태로 지지부진한 모습을 보여주며 횡보하였음.

개인의 포지션이 콜 매수, 풋 매도로 장 마감까지 진행되어짐. 기관계와 금융투자는 계속 콜 매도, 풋 매수로 대응하며 마침. 개인의 손해가 많이 발생한 날로 마감이 됨.

05   보조지표(MACD)

수많은 보조지표가 있지만 개인적으로 자주 쓰는 MACD를 중심으로 설명하고자 한다.

거의 모든 그림이 상승 다이버전스 또는 하락 다이버전스를 보여주고 있다. 차트의 많은 부분이 중복되는 것을 볼 수 있으며 이러한 MACD의 활용은 거래할 때 유용하게 쓰임을 다시 한 번 강조한다.

먼저 MACD에 대한 여러 가지 설명을 보자.

- 수익 폭이 줄어드는 이동평균선의 후행성 문제를 해결하기 위해 1979년 Gerald Appel이 개발했다. 단기 이동평균과 장기 이동평균의 차이인 MACD선과 n일간의 MACD 지수 이동평균인 시그널^{signal}선을 이용하여 매매 신호를 발생시킨다. 이동평균보다 정확하게 고점과 저점을 잡아낸다. [네이버 지식백과] 이동평

균수렴·확산지수 [Moving Average Convergence & Divergence] (한경 경제용어
사전, 한국경제신문/한경닷컴)

- 제랄드 아펠$^{Gerald\ Appel}$에 의해 개발된 기법으로 26일간의 지수
평균과 12일간의 지수 평균 간의 차이를 산출하여 구하며, 이
두 지수 평균의 차이를 다시 9일간의 지수 평균으로 산출하
여 시그널^{signal}로 사용한다. [네이버 지식백과] MACD [Moving Average
Convergence and Divergence] (NEW 경제용어사전, 2006.4.7. 미래와경영)

- 이동평균수렴·확산지수·기간이 다른 이동평균선 사이의 관계
에서 추세 변화의 신호를 찾으려는 진동자 지표다. 이동평균선
은 주가의 단기변동 때문에 나타나는 불규칙성을 제거하기 위
해서 만드는데 MACD는 이러한 이동평균선을 이용해 매매 신
호를 찾으려 한다. 단순이동평균선은 추세 전환 신호가 늦게
나타난다는 단점이 있기 때문에 이를 해결하기 위해서 MACD
에서는 지수이동평균을 사용한다. MACD는 추세 전환 시점
을 찾는 것보다는 추세 방향과 주가 움직임을 분석하는 데
좋은 지표로 알려져 있다. [네이버 지식백과] MACD [Moving Average
Convergence & Divergence] (매일경제, 매경닷컴)

거래를 할 때 여러 가지 방법이 있을 수 있다.

(1) MACD 기준선 거래

▪ 지표 설명

장기와 단기의 두 이동평균 사이의 관계를 보여주는 운동량 지표
장기와 단기의 이동평균선이 멀어지면 다시 가까워진다는 성질
을 이용

▪ 전략 설명

MACD선이 기준선 0을 상향 돌파하는 경우 매수
MACD선이 기준선 0을 하향 돌파하는 경우 매도

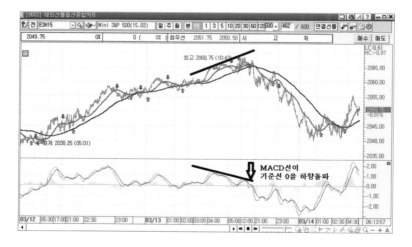

(2) MACD 크로스 거래

- **지표 설명**

장기와 단기의 두 이동평균 사이의 관계를 보여주는 운동량 지표

장기와 단기의 이동평균선이 멀어지면 다시 가까워진다는 성질을 이용

MACD선: 단기 이평선(12일) – 장기 이평선(26일)

시그널 MACD선: N일(9일) 동안의 MACD 지수 이동 평균

- **전략 설명**

MACD선이 시그널 MACD선이 시그널을 상향 돌파 시 매수

MACD선이 시그널 MACD선이 시그널을 하향 돌파 시 매도

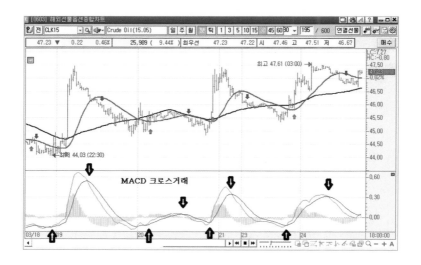

(3) MACD 패턴 거래

여기서는 지수의 추세 전환의 가능성이 초점을 맞춘 그림을 중점적으로 모았으며 반복하여 보이는 측면이 많다. 하지만 그림을 익혀서 비슷한 패턴의 차트가 보이면 활용하는 것이 수익에 도움이 될 것이다.

MACD 상승 다이버전스 2014.6.5. 주가지수 선물 차트

MACD 하락 다이버전스 삼성증권

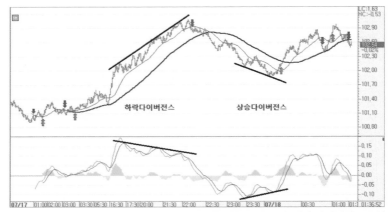

2014.7.17. MACD 상·하락 다이버전스 오일

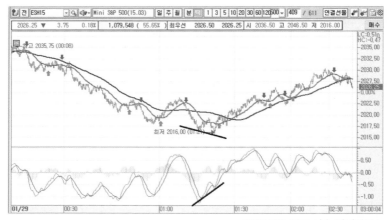

2015.1.29. S&P 상승 다이버전스

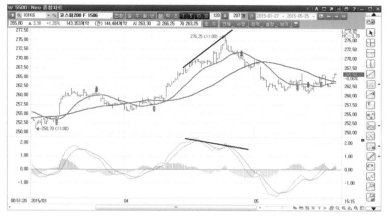

2015.5. 120분봉 하락 다이버전스

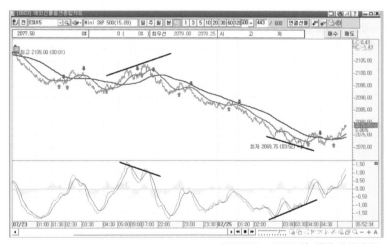

2015.7.25. MACD 상·하락 다이버전스

06 거래

(1) 단방향 거래

양방향으로 모두 수익을 얻으려고 노력한다고 많은 수익을 얻을
수 없다. 거래는 명확할수록 간단해지며 진입 시기도 쉽게 알 수
있다.

거의 모든 거래자들이 잘못 알고 있는 것이 위 그리고 아랫방향으로 계속 거래를 하면 단방향으로만 거래를 한 거래보다 많은 수익을 얻을 수 있을 것이라는 생각을 가지고 있다는 것이다. 이론상으로 보면 큰 변동성을 가지고 있다면 이렇게 양쪽으로의 거래가 큰 수익을 얻을 수 있는 것은 사실이다. 그림에서 보면 알겠지만 위아래 큰 움직임을 보인다면 양쪽으로 큰 수익이 가능하다.

하지만 거의 대부분이 이렇게 양쪽으로 큰 움직임을 보이지 않는다. 다음 그림을 보자.

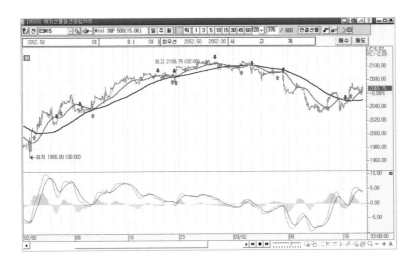

지수가 상승을 시작한 후에 하락으로 진입한 경우는 거의 대부분 손실이 발생이 되고, 지수가 하락을 시작한 후에 상승으로의 거래는 대부분 손실이 발생되는 것을 알 수 있다. 즉 추세가 발생된 후에 거의 대부분은 추세의 방향으로는 많이 움직이고, 반대로의 움직임은 상당히 제한적임을 알 수 있다.

추세로의 진입이 반대로의 움직임보다 수익이 크다는 것을 확인할 수 있다. 이러한 이유로 추세 방향으로 진입을 해야 한다. 똑같이 진입했는데 한쪽은 수익을 많이 얻고 반대로 진입하면 적은 수익을 얻으니 당연히 추세에 맞는 진입으로 큰 수익을 얻어야 할 것이다.

(2) 사람은 복잡한 상황에 처하면 쉽게 포기하는 경향이 있다

거래를 하다가 자신이 원했던 상황이 되지 않으면 당황하여 적절한 대응을 하지 못하게 되기 쉽다. 그렇게 되지 않기 위해서는 사전에 다른 쪽으로 움직이는 것에 대한 적절한 대응을 생각하는 것이 좋다. 단순히 자신이 수익을 얻는다는 상황만 고려하지 않고 틀릴 수 있는 다른 상황도 고려하는 것이 좋다. 다른 상황에 처했을 때를 사전에 생각하고 있었다면 정신적인 안정감을 얻을 수 있다.

그러한 의미에서 손절 예약을 미리 설정하고 진입하는 것이 좋다. 손절 예약을 설정하는 의미가 이미 자신이 원하는 방향으로 움직이지 않을 수 있다는 것을 가정하기 때문이다.

어쩔 수 없는 상황에서 손절을 하기는 어렵지만 거래를 시작하기 전에 손절 예약을 하게 되면 시작부터 심리적인 안정감을 얻을 수 있다. 손절 예약한 만큼만 손실을 당하면 되기 때문이다.

두려움은 대부분 손실의 한도를 모르기 때문에 생기는 것이다. 손실의 크기를 진입부터 안다면 무서워할 이유가 없다.

시장의 방향이라는 것이 내가 원하든 원하지 않든 위아래로 계속 움직이기 마련이고 수익과 손실을 왔다 갔다 하기 마련이다. 이러한 때 손실과 수익을 반복하는 것을 열심히 따라서 대응하다가 어느 순간 대응을 하지 않는 순간이 존재하게 된다. 거의 모든 거래자들은 손실이 발생되었을 때 이러한 대응이 멈춘다. 수익과 손실을 반복하다가 손실이 발생되었을 때 대응을 하지 않고 금방 수익으로 전환이 될 것이라는 생각에 대응을 멈추는 것이다.

시장은 우리가 빈틈을 보이면 아프게 한다. 이러한 손실이 발생되었을 때 기준에 맞추어 비중을 줄이지 않으면 계속 손실이 발생되게 한다.(사실은 수익으로 전환된 상황도 발생되지만 만족스럽지 않아 청산을 하지 않고 손실을 감내하게 한다) 즉 손실에 대한 대응을 의도적이든 의도적이지 않든 간에 길게 유지를 하다가 대응을 하지 않는 경우가 많고 이러한 때 대부분 큰 손실이 발생된다. 그래서 나는 대응을 하지 않을 바에는 포지션을 다 청산하는 것을 권한다. 대응도 하지 않을 것을 왜 보유하고 있단 말인가? 그것도 손실을 감내하면서….

복잡한 상황이 발생되면 대응을 하지 않는 경우가 있다. 그러한 때라고 생각되면 자신이 가지고 있는 포지션을 정리하자. 거래는 대응하는 것이다. 대응하지 않는 거래는 거래가 아니다.

(3) 어떤 경우라도 자신이 정한 거래 원칙은 지켜야 한다

무엇보다 자신의 거래에 맞는 거래 원칙을 만들고 그 원칙을 지켜야 한다. 그러한 거래 원칙을 무너트리는 행위를 해서는 안 된다.

거래 원칙이란 거래 습관을 이야기한다. 거래 습관이 잘되어 있으면 수익을 얻는 습관을 가질 수 있는 것이고, 거래 습관이 잘못되어 있으면 손실을 만든다. 따라서 거래 방법 또는 거래 원칙은 무엇보다도 지켜져야 하는 것이다. 물론 이러한 원칙으로 수익을 얻을 수 있다는 것이 검증된 것이어야 한다. 거래 원칙을 정하기는 했지만 이러한 거래 원칙이 실지로 수익을 얻을 수 있는 거래 원칙인지 손실을 당하게 하는 거래 원칙인지를 확인할 수 없다면 그것 자체도 역시 난감한 일일 것이다. 한 번 심사숙고해서 정한 거래 원칙의 수익을 검증하고 무엇보다 거래 원칙에 맞게 실행해야 할 것이다.

(4) 문제는 어떻게 거래하는 것이 올바르게 거래하는지를 모르는 데 있다

모든 거래자들은 수익을 얻기 원한다. 그래서 끊임없이 거래를 유지하며 수익을 얻고자 노력한다. 문제는 어떻게 거래하여야 수익을 얻는지를 알려주는 사람이 없다는 것이다. 거의 모든 거래자들은 자신이 올바르게 하는지 잘못하는지를 판단할 수 없다. 단순히 수익을 얻은 거래라면 올바르게 거래한 것이라고 생각할 수 있을 뿐이다. 단지 몇몇의 성공한 거래자의 이야기로 추측할 수 있을 뿐이다.

많은 거래의 경험을 가지고 있는 거래자들은 초보자들에게 매매일지를 쓰라는 이야기를 한다. 거래라는 것이 상당히 빠르게 이루어지는 과정이기 때문에 찰나의 판단으로 거래가 이루어지는 경우가 많다. 따라서 잘잘못을 가리지 못하고 장이 마감이 되어 거래내역을 보면서 복기를 할 수 있을 뿐이다. 하지만 이렇게 복기를 하지 않는다면 잘못한 거래나 결정 과정의 오류나 차트의 패턴을 찾아내지 못할 수 있다. 즉 아무런 잘못을 발견 못하니 당연히 자신의 거래를 조금 더 좋은 쪽으로 발전시킬 수 없다.

문제는 거래를 어떻게 해야 하는지 실지로 거래를 본 적이 없다는 데 있다. 즉 완성된 성공적인 거래의 행위를 본 적이 없다. 사실 이러한 거래를 보여줄 수 있는 거래자 역시 쉽게 찾을 수 없을 것이다. 그 거래자 역시 보여주지 않으려고 할 것이기 때문이다. 똑같이 거래하는 거래자가 많을수록 자신이 수익을 얻을 기회가 없어질 것이기 때문이다. 따라서 스스로 자신의 거래를 완성해가야 한다. 누구도 가르쳐주지 않는다면 스스로 완성할 수밖에는 없다.

지금 자신이 거래하는 중에 계속 손실이 발생된다면 잘못된 거래를 하고 있는 것이라고 할 수 있다. 자신이 거래하고 있는 거래 방법을 다시 한 번 숙고하고 조금 다르게 거래를 해야 할 것이다. 특히 기본적인 차트를 보며 거래하는 거래자라면 자신이 수익을 얻었던 차트의 패턴에 집중해야 한다. 수익을 얻은 거래에서 무언가 보통 때와는 다른 거래를 했던 것이다. 손실을 입은 거래에서는 무수히 많은 실수를 볼 수 있을 것이다. 문제는 그러한 실수를 스스로 인지할 수 있어야 한다. 즉 자신의 거래 행태를 조각조각 내어 규격화할 필요가 있다.

예를 들면,

· 상승 중에 있는 것을 확인하려고 120분(30분) 봉차트에서 60일 선을 확인한다.
· 추세가 상승이니 매수로 대응한다.
· 어느 때 진입을 해야 할지 판단한다. 10일선 혹은 20일선에 터치를 할 때 눌림목이라 판단하고 매수에 동참한다.
· 만일 매수한 후에 지수가 60일선을 하향 돌파를 한다면 청산한다.

이런 식으로 자신의 거래 형태에 대한 로직logic을 가지고 있어야 한다.

아무 때나 매수하고 아무 때나 매도한다면 그 거래 근거를 제시할 수 없다. 최소한 차트를 통해서 이야기할 수 있는 거래를 해야 할 것이다. 그렇게 거래 방법이 완성이 되면 최소한 자신이 무슨 잘못을 했는지에 대한 것을 인식할 수 있게 된다. 잘못을 인지할 수 있을 때 발전이 가능하다.

요사이 증권방송이라는 것이 있어서 찾아보면 방송을 무료로 볼 곳들이 많이 있다. 나의 거래를 하는 것도 중요하지만 다른 거래자가 거래하는 것을 보는 것도 중요하다. 특히 손실이 계속 발생되는 거래자라면 다른 거래자들이 어떠한 거래를 하며 무엇을 기준으로 거래를 하는지 살펴보는 노력이 필요하다.

각각의 방송마다 다른 기준을 가지고 거래를 한다. 그러한 것들을 살펴서 그 중에 자신이 따라 해서 수익을 얻을 수 있다면 따라 거래를 해보는 것도 필요하다. 틀린 방법으로 계속 거래를 하는 것보다 다른 방법으로 거래를 하는 것이 더욱 거래에 도움이 되기 때문이다.

(5) 개인 거래자의 가장 큰 문제는 혼자서 거래하는 것이다

개인 거래자들에게 가장 큰 문제는 혼자서 모든 것을 결정하고 책임을 혼자 져야 하는 것이다. 특히 어떠한 지식이나 경험 없이 선물을 거래하는 경우가 많다. 선물옵션의 경우에 거래 방법이나 가격의 형성에 대한 기본적인 지식이 요구됨에도 불구하고 개인 거래자의 대부분은 실전을 바로 하게 된다. 따라서 거래를 함과 동시에 손실을 당한다. 초보 거래자는 이러한 손실을 당하면서 거래에 대한 경험을 얻는다.

사실 주변에 선물옵션을 거래했던 경험이 있는 거래자가 이러한 초보 거래자에게 몇 가지 사항만 알려주어도 초보 경험자가 지불하는 수업료 중에 많은 부분을 줄일 수 있음에도 불구하고 현재 그렇게 하는 곳은 드물다. 그러나 한편으로 다행스러운 것은 요즘 아프리카TV에서 프리캡이라는 곳을 열어 전문가들에게 방송을 할 수 있게 함으로써 초보 거래자에게 도움을 줄 수 있게 되었다. 처음 선물을 거래하는 거래자는 거래를 하기 전에 충분히 방송을 보고난 다음에 거래를 시작하기를 권한다.

선물시장은 생각보다 개인 거래자에게는 힘든 곳이 될 가능성이 많다. 이유는 온전히 혼자 거래를 해야 하기 때문이다.

손실을 보는 거래의 대부분이 손실을 당하면서도 바로 청산을 하지 못하는데 있다. 어느 정도 손실을 입으면 당연히 손절을 하여야 함에도 불구하고 손절을 하지 못한다. 거래를 시작할 때 단지 수익을 얻으면 청산할 생각만 하는 것이다. 즉 지수가 반대로 움직일 때 당하는 손실 청산에 대한 계획을 하지 않고 거래를 시작하였다는 것이다. 계획이 없으니 당연히 손실이 발생되면 청산을 하지 못하고 그대로 당하게 된다. 손실을 크게 당하는 경우 옆에 친구라도 있으면 손실 나는 것을 보고 거래자의 정신을 일깨워 청산을 시킬 수도 있을 테지만 거래를 할 때 거의 모든 거래자는 혼자서 거래를 한다. 따라서 옆에서 하는 조언을 들을 수 없다. 손실이 많이 생기게 되는 이유다.

스스로 모든 결정과 통제를 다 하여야 한다. 스스로를 통제한다는 것 자체가 사실 쉽지 않은 일이다. 그러함에도 불구하고 거래자 스스로 하여야 한다. 그것이 개인 거래자에게 가장 힘든 일인 것이고 꼭 극복해야 하는 것이다.

거래 중에 거래를 알맞게 결정하고 통제하지 못하면 돈(증거금)을 다 소모하여 거래자의 의지와 상관없이 계좌폐쇄를 당하게 된다. 거래를 시작할 때는 거래에서 수익을 얻으며 편안히 거래할 수 있을 것처럼 생각되지만 거래를 시작하는 거래자의 극히 일부만이 이러한 결과를 얻을 수 있다.(거의 불가능하다) 거래를 시작하며 바로 수익을 얻게 될 것이라는 생각을 하지만 그렇게 안 될 수도 있다는 생각도 하며 거래를 시작해야 한다.

거래를 처음 시작할 때는 많은 계약수로 빨리 많이 벌려고 하지 말고 최소한 1년은 최소 계약수로 자신의 거래 방법(거래습관)을 완성시키는 것이 좋다. 누군가 옆에서 도와주지 않고 오로지 혼자 하기에 계약수를 늘리는 것은 수익률 차트가 우상향되어가는 시점에 해도 충분하다.

냉정한 자기 관리와 철저한 거래 방법, 그리고 안정된 자금관리가 필요하다. 이러한 것은 많은 경험을 통하여 형성되는 것이고 단기간에 얻을 수 없다는 것을 알고 차분히 거래를 계속하며 얻어야 한다. 충분히 선물에 관련된 책을 읽고 오로지 경험을 얻으려는 노력을 한동안 해야 한다.

이러한 시간 중에 수익을 얻으려는 노력보다는 경험을 얻으려는 노력만 하는 것이 좋다. 왜냐하면 잠깐 수익을 얻게 되면 그 수익이 실력으로 인한 수익이 아님에도 더 많은 수익을 얻으려고 무리한 배팅을 하게 되기 때문이다. 혼자 스스로를 평가한다는 것이 자신의 실력을 과대포장하게도 하기 때문이다. 섣부른 자만은 큰 손실을 당하게 한다. 확신, 자만, 탐욕 등을 벗어나려는 노력을 계속해야 할 것이다.

(6) 변동성과 계약수

보통 추세를 추종하는 거래자의 경우 변동성이 좋은 종목을 찾아다니게 된다. 가격의 움직임이 거의 없는 종목의 경우 손실을 입을 기회도 없지만 수익을 얻을 가능성도 없다. 즉 움직이지 않는 종목의 경우 거래로 인한 시세차익은 기대할 수 없다. 따라서 어느 정도 크기의 움직임이 있는 시장이 전업 거래자에게 수익을 얻을 수 있는 기회를 제공한다.

요즘 해외선물 거래가 각광을 받는 이유가 그러한 변동성에 있다. 하지만 어느 정도의 움직임이 있는 종목을 이야기하는 것이다. 아주 큰 변동성인 경우 큰 변동성이 오히려 문제가 될 수 있다. 보통 개인 거래자의 경우 역추세에 큰 손실을 당하는 경우가 많다. 따라서 너무 큰 변동성이 있는 종목의 경우 조심스럽게 거래를 하여야 할 것이다. 큰 움직임을 보이는 종목에 반대 방향으로 거래를 한다면 큰 손실이 불가피하기 때문이다.

나의 경우 변동성이 큰 종목의 경우 계약수를 가급적 줄여서 거래를 한다. 변동성이 큰 종목의 경우 다른 작은 움직임을 보이는 종목보다 계약수를 적게 하더라도 동일한 수익을 얻을 수 있기 때문이다. 변동성을 보며 거래할 계약수를 산정해야 할 것이다.

(7) 우리는 실패에 대한 훈련이 필요하다

우리는 거래를 할 때 필연적으로 손실을 당하는 날이 있을 수밖에는 없다. 물론 모든 거래에서 성공을 하기 위해 노력하지만 실지로 모든 거래에서 성공할 수 없다는 것을 우리는 잘 알고 있다. 따라서 그러한 실패가 아프고 힘들지만 그것은 필연적인 것이다. 중요한 것은 그러한 실패에 대처하는 방식이 문제를 만들 수 있다.

우리는 실패를 당했을 때 그러한 실패에 대처하는 훈련을 하여야 한다. 실패를 인정하고 겸허한 자세로 잘못을 바로 잡고 실행할 때 실패에 굴복하지 않고 한걸음 더 나아가 더욱 성공적인 거래를 만들 수 있는 것이다.

(8) 많이 버는 것보다 더 중요한 것은 손실을 한정하는 것이다

내가 자주 주장하는 이야기 중에 "지금 한 번의 손실이 미래의 수십 번의 손실보다 크다"는 말이 있다.

우리는 파생상품을 거래하고 있다. 파생상품의 특성 중에 레버리지 효과가 있고 복리의 효과가 있다. 현재의 적은 자본으로 큰 자본을 운영하듯이 할 수 있고 수익이 발생되면 될수록 복리효과가 극대화된다. 즉 지금 적은 돈의 손실이 나중에 큰 자금을 운영할 수 있는 기회를 상실하게 한다는 말이다. 수익보다 오히려 손실이 더욱 안타까운 이유가 그것이다. 또한 그 손실을 메우기 위해 다음번의 거래는 수익을 얻어도 수익으로 전환될 수 없다. 만일 그 한 번의 손실을 몇 번의 수익으로 메워야 한다면 암담한 일일 것이다.

따라서 나는 방향(추세)과 수급을 잘 모르겠으면 거래에 참여하지 않는 것이 좋다고 생각한다. 거래에 참여해서 손실이 발생되면 그만큼 손실을 메우기 위해 이익도 없이 추가로 거래를 해야 한다는 것을 알기 때문이다. 만일 거래를 하지 않는다면 다음번에 수익은 온전한 수익으로 결정되기 때문에 거래의 신중함이 요구된다 할 것이다.

(9) 성공적인 거래

거래자가 자신이 행하는 거래가 성공했는지 못했는지 거래를 통해서 즉시 알 수 있다. 남들이 보기에 큰 수익을 얻었다고 성공한 거래라고 생각할지 모르지만 의외로 거래자 스스로는 만족하지 않을 때가 있다. 수익을 얻었다고 성공한 거래라고 생각한다면 거래에 대해 다시 생각을 해야 할 것이다.

성공한 거래란 "거래자가 기다렸던 때에 진입하고 거래자가 청산하고 싶을 때 청산하는 것"이다.

무수히 많은 거래가, 거래자 스스로 원하지 않는 때에 들어가고 청산할 때가 아닌데 청산하기를 반복한다. 특히 추세에 맞추어 거래하는 추세 추종의 거래자 중에도 역추세 매매를 하지 않아야 한다는 것을 잘 알면서도 역추세 매매를 빈번하게 하는 것을 볼 수 있다. 역추세 매매로 수익을 얻는 것이 정말 어렵다는 것을 잘 알면서도 거래를 한다. 과연 그 거래가 수익을 얻었다고 성공한 거래라 칭할 수 있는가?

진입과 동시에 이미 실패한 거래라는 것을 거래자 스스로 알고 있다. 그러함에도 불구하고 진입을 시도한다. 그리고 계좌는 비어간다.

인간의 탐욕으로 인해 끊임없이 거래에 집중한다. 약간의 수익이라도 끊임없이 추구하게 된다. 하지만 성공적인 거래를 원한다면 자신의 열망을 추슬러야 한다. 모든 거래에서 계속 수익을 얻을 수 없음을 인정하고 성공적인 거래를 하기 위해 스스로 다잡을 필요가 있다.

자신이 원하는 때를 기다려야 한다. 그리고 진입했으면 청산하고 싶을 때 청산하면 그것으로 족하다. 그러면 성공적인 거래를 할 수 있을 것이다.

(10) 처음의 큰 변화에서는 수익을 못 얻어도 두 번째의 큰 변화에서는 수익을 얻을 수 있다

보통 긴 횡보가 발생이 될 때 처음의 큰 변화에서 수익을 얻으려고 노력하면 노력할수록 손실이 누적되어 가는 것을 발견할 수 있다. 즉 섣부른 진입으로 인해 새로 발생될 추세에 역행해서 포지션을 가지게 되는 경우가 의외로 많다. 또한 그렇게 추세에 반대라고 생각되어 손절을 하면 손절한 방향으로 지수가 가는 경우도 발생되어 막연한 기대로의 진입의 무서움을 실감할 수 있다.

추세 추종이라 함은 추세가 만들어진 다음에 진입하여도 많이 먹을 수 있다는 것이다.

내가 음성 리딩을 할 때 자주 하는 이야기가 있다.

"지금 횡보하고 있으니 큰 움직임이 있은 후에 거래를 하자"라는 말이다.

먼저 일어나는 큰 움직임을 본 후에 반대로 움직일 때 진입하자는 것이다. 긴 횡보를 보일 때 바로 일어나는 큰 추세를 잡기는 힘이 든다. 계속 긴장하고 있어야 하며 언제 시작할지 모르기에 계속 보고 있어야 한다. 하지만 큰 움직임이 발생된 후에 반대로 움직이는 경우 큰 움직임일 수밖에는 없다.

큰 산은 골도 깊기 마련이다. 처음 큰 움직임을 기다리며 긴장하기보다는 큰 움직임이 일어난 후에 거래하는 것이 정신건강에는 좋다 할 것이다.

(11) 이성적으로 거래해야 한다

이성적으로 거래를 하여야 한다. 이성적이지 않고 감정에 휘둘리는 거래자라면 이성적인 거래자에게 돈을 퍼주는 일을 반복할 가능성이 많다.

이성적인 거래자들의 대부분은 시장이 이성적이지 않는 상태에 있을 때 시장에 진입한다. 즉 비이성적인 상황이 계속 유지되지 않는다는 것을 잘 알고 있기 때문이다.

물론 비이성적인 상태가 오랫동안 유지될 수도 있을 것이다. 그렇지만 이성적인 거래자의 대부분은 비이성적인 상태로 오래 유지가 되더라도 자신의 포지션을 유지할 힘을 가지고 있다. 결과적으로 이성적인 거래자에게 비이성적인 거래자가 지게 된다.

중요한 것은 시장이 이성적인 상태로 유지가 될 때는 이성적인 거래자는 절대 거래에 참여하지 않는다는 사실이다. 그들은 충분히 기다릴 수 있는 인내심을 가지고 있다. 자주 이야기하지만 계속 거래를 한다고 수익을 얻는 것이 아니다.

(12) 우기기(검증하기)

만일 자신의 방향이 맞다는 것을 검증(우기기)하고 싶다면 다음과 같은 방법으로 진행하면 좋겠다는 생각을 한다.

2014년 7월 12일 장이 상승할 것이라는 생각에 매수 신호에 매수 진입 후 다음에 발생한 매도 신호에 청산을 해야 함에도 하지 않고 아래와 같이 '우기기'에 돌입함.

나의 경우 1계약의 손실은 감내할 수 있다고 생각한다. 한 계약의 손실이라는 것이 최대로 잡아도 나에게 큰 정신적인 충격을 주거나 증거금에 영향을 주지 않기 때문이다.

보통 손실 중에 물타기를 잘못할 경우, 많은 계약수로 인해 큰 손실을 당할 수 있다. 결과로 봐서 자신이 예상하는 방향으로 지수가 움직였다고 하더라도 잠깐의 반대 방향으로의 움직임에 증거금 대비 많은 계약수의 운용으로 로스컷을 당해 수익을 얻을 기회를 상실할 수 있다. 즉 많은 계약수로 손실을 당하기보다는 1계약을 보유하며 꾸준히 신호에 따라 거래를 한다면 나중에 자신의 방향이 맞게 되면 단순히 1계약을 보유했을 때보다 큰 수익을 발생시킬 수 있을 것이다.

사실 신호에 맞추어 거래하는 거래자의 경우 '우기기'는 실제로 해서는 안 되는 일이다. 하지만 사람이라는 것이 각각의 생각이 있는 것을 인정해야 되는 것이다. 꼭 상승할 것이라는 생각을 하고 있으며, 그것을 확인하고 싶은 생각을 가지고 있는데 그것을 막는 것도 문제다. 따라서 나는 이러한 '우기기'를 할 때 많은 계약수로 해서는 안 된다는 생각을 가지고 있다. 어차피 자신의 방향이 맞다는 것을 검증하는데 많은 계약수로 할 이유가 없기 때문이다.

자기 확신을 검증하기 위한 '우기기'를 할 때 적은 계약수로 하라는 이유는 자기 확신이 강한 거래자의 대부분이 확신에 찬 풀배팅으로 계좌 폐쇄를 당하기 때문이다. 이러한 풀배팅의 폐해는 너무나 크다. 어떠한 논리를 가지고 이야기하더라도 결국은 결과가 모든 것을 이야기한다.

　충분히 경험을 쌓고 거래를 계속 유지할 수 있다면, 미래에 수익을 얻을 수 있는 거래자의 대부분이 풀배팅의 자기 확신에 찬 검증(우기기)으로 인해 거래가 중지된다. 그래서 결국은 미래에 좋은 시절을 맞이할 수 없게 되는 결과를 낳게 되는 것이다. 나의 경험이기에 확신을 갖고 독자들에게 주장하는 것이다.

　거래의 기회는 살아만 있다면 언제나 오는 것을 잘 알기에 이러한 '우기기'는 꼭 최소 계약수로 거래해야 한다. 혹시 이러한 우기기의 결과로 인해 많은 수익을 얻을 것을 놓칠 수도 있다. 하지만 큰 손실을 막을 수도 있었다는 것을 상기하자. 만일 많은 수익을 놓쳤고 그러한 경험이 몇 번 누적으로 발생된다면 그러한 패턴을 연구하라. 그러한 연구로 수익을 얻을 수 있는 기회라는 것이 검증이 된다면 그때 많은 계약수로 하면 된다.

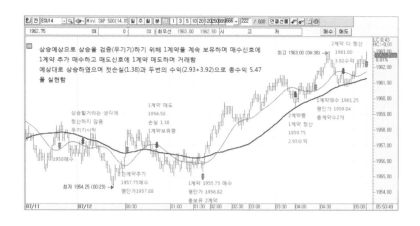

(13) 차트를 보며 거래하자

　차트를 보며 거래하자. 당연한 말이다. 하지만 거래자 중에 이러한 당연한 것도 지키지 않고 거래하는 거래자가 대부분이다.

　사실 놀라운 것도 아니다. 대부분의 거래자가 거래 중에 물타기를 하고 있으며 그러한 물타기의 대부분이 거래자가 정한 기준이 없는 상태에서 진입을 반복하는 것을 거래자 스스로 느낄 것이다.

　거래자는 차트를 보면서 거래를 하고 있다고 생각하지만 실지로는 자신이 상상 속에서 만든 환상 속의 차트를 생각하며 거래를 한다.

증시 격언에 "거래는 예측이 아닌 대응"이라는 표현이 있다.

상상 속에서 만든 차트로 한 거래의 대부분은 손실을 당하게 되어있다. 또한 그 손실을 복구할 수 있을 것이라는 환상 속에서 더욱더 많은 계약수로 물타기 거래를 유도한다. 그리고는 손실을 크게 당하게 된다. 거래자 스스로 만드는 차트이기 때문에 장이 끝나거나 로스컷으로 거래를 못하게 될 때서야 환상이라는 것을 알게 된다.

모든 거래자들은 차트를 본다. 하지만 차트를 정확히 보며 거래를 하는 거래자들은 별로 없다. 진입의 기회가 왔을 때 진입하고, 진입의 기회가 아닐 때는 진입하지 않아야 한다.

차트에 다 나와 있다. 상상 속의 차트가 아닌 지금 모니터에서 보이는 차트를 잘 살펴보아야 할 것이다.

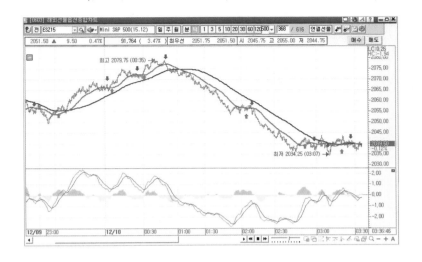

(14) 손절에 대한 생각의 전환

손절은 더 좋은 가격에 진입하기 위한 좋은 방법이다.

지수는 위, 아래 어디로 움직일지는 아무도 알 수 없다.

예를 들어 상승을 생각하며 매수 신호에 매수로 진입을 했는데 매도 신호가 발생되면 당연히 청산하여야 한다. 만일 손실 없이 매도 신호가 발생되었다면 청산하기가 쉽지 않을 것이다. 더 높은 가격에서 매수 신호가 나온다면 청산하지 않는 것이 훨씬 더 수익에 도움이 되기 때문이다.

하지만 그러함에도 불구하고 우리는 매도 신호에 청산하여야 한다. 이유는 매수 신호에 들어갔기 때문이다. 다른 신호를 따르지 않고 지금 보고 있는 매수 신호를 보고 들어갔기에 매도 신호에 따라 청산해야한다. 그렇게 하지 않는다면 신호에 따라 거래를 하지 않는 결과를 낳게 된다.

그 따르지 않을 신호를 왜 만들었는가 말이다! 청산 신호에 청산하지 않는다면 그 신호의 존재 자체에 대한 근거를 없애는 행동이다. 따라서 청산은 당연하다.

거래를 하다보면 개인 거래자들이 영원히 거래를 할 것처럼 장중에 우기는 경우를 보게 된다. 지수가 상승을 하는데 선물 매도를 열심히 추가하는 것을 보게 된다.

누군가 사야 누군가 팔 수 있으니 어쩌면 그렇게 개인이 선물 매도를 하게끔 외국인, 기관계, 금융투자들은 매수를 열심히 하고 있을 것이다. 지수가 많이 올라가는데, 그리고 손실이 커지는데도 불구하고 청산하지 않는다. 장 마감까지 그렇게 손실을 당하면서 청산을 하지 않다가 장 마감 무렵에 청산하게 된다. 그렇게 장 마감 전에 청산하기 보다는 장중에 청산을 했으면 손실이 적어질 수 있음에도 불구하고 영원히 선물을 보유할 수 있을 것처럼 청산하지 않는다. 정말 우기고 있는 것이다.

거래를 하는 사람들의 대부분은 자신이 똑똑하다는 생각을 하며 거래를 한다. 왜냐하면 거래를 하는 것 자체가 거래로 수익을 얻을 수 있다는 자신감이 없으면 거래를 유지할 수 없기 때문이다. 즉 조금 더 자신의 거래를 완성한다면 지금 손실을 본 것을 다시 회수하고 더 많은 돈을 벌 수 있을 것이라 생각하며 거래를 한다. 남들보다 자신의 승률이 조금 더 좋을 것이라 생각하며 거래를 하는 것이다.

진입은 하였는데 청산할 자리를 볼 수 없기 때문에 청산을 하지 못하고 장 마감까지 가는 것이다. 진입과 동시에 청산에 대한 확고한 생각이 없다면 웬만해서는 수익으로 청산하기 어렵다. 진입과 동시에 손절에 대한 생각을 해야 하고 그렇게 계획한대로 실행되어야 한다. 특히 역추세로의 진입은 꼭 손절 예약을 하면서 진입을 해야 한다는 것을 다시 한 번 더 주장하고 싶다.

내가 만든 시스템 '1'의 경우 하루에 최소 3번에서 7번의 신호가 발생된다. 자주 그렇게 하지는 않지만 잠시 다른 볼일을 보다가 추세에 맞추어 진입을 했는데 반대 신호에 청산을 하지 않게 되는 때도 있다. 하지만 추세에 맞추어 거래를 했다면 별로 걱정되지 않는다. 왜냐하면 추세에 맞추어 지수는 움직이기 때문에 큰 손실이 발생될 가능성이 별로 없다. 하지만 역추세 매매의 경우는 손실 예약을 하지 않고 진입을 하고 잠시 다른 일로 차트를 보지 않고 있으면 크게 손실이 나게 되어있다. 왜냐하면 추세로 갈 때는 빠르게 달려가듯이 가기 때문이다.

아차 하는 순간에 지수가 크게 움직일 때가 많다. 손절 예약을 하지 않고 있었다면 이미 큰 손실이 발생된 후에 청산을 할 수밖에는 없다. 만일 현재 손실을 당하고 있다면 청산을 고려해야 한다. 청산을 하고 더 좋은 가격에 다시 진입할 수 있기 때문이다.

예를 들어 지수가 상승 중에 거래자가 매도를 가지고 있다면 청산하고 더 높은 단가에 매도예약을 해서 매도가 된다면 더 높은 단가에 매도하게 되는 것이다.

(15) 시장은 자기가 가고 싶은 방향으로 움직인다

시장과 방향이 맞으면 수익, 시장과 방향이 틀리면 손실이다.

나 혼자 지수를 움직일 수 없다는 것을 인정해야 한다. 많은 계약수로 거래를 하는 것이 아니기에 당연히 내가 지수를 움직일 수 없다.

거래에서 수익을 얻으려면 조금이라도 많은 계약수가 움직이는 방향으로 같이 진입해야 한다. 다른 많은 거래자들이 매수를 하고 있을 때 나도 매수를 하여야 하고, 다른 많은 거래자들이 매도를 하고 있다면 나도 매도를 하여야 한다. 그래야 수익을 얻을 수 있다.

지극히 당연한 이야기지만 실지로는 그렇게 거래하는 경우가 많지 않은 것이 현실이다. 진입 후 추세가 바뀌었는데 그냥 보유를 하고 있다던가, 처음부터 추세의 반대로 진입한 경우도 많다.

거래하기 전에 가장 먼저 살펴야 하는 것이 추세의 방향이다. 또한 그 추세가 초기인지 말기인지도 살펴보아야 할 것이다. 추세 말기에 진입한다면 추세가 바뀌면서 손실이 발생될 수 있기 때문이다.

지수는 자기가 가고 싶은 데로 움직이기 마련이고 거래자는 그 방향에 맞추어 거래를 하면 된다. 내가 먼저 거래를 한 후에 시장의 방향이 내 쪽으로 오기를 기다리는 것이 아니다. 대부분의 거래자들은 자신의 방향을 미리 정하고 그 방향으로 지수가 움직이는 것 같은 착각으로 거래를 시작한다. 그렇게 해서는 안 될 것이다.

⒃ MIT(STOP)를 이용한 거래를 활용하자

위 아래로 급하게 움직일 가능성이 높을 때 MIT^{Market If Touched}를 활용하여 거래하자. 보통 STOP, MIT 등으로 불리는 거래 방법을 잘 활용하자.

거래는 계속 위아래로 움직이며 그 방향을 쉽게 예측할 수 없다. 거래를 하면서 가장 성공적인 거래를 하는 것이 "내가 원할 때 진입하고 내가 원할 때 청산하는 것이다"라는 것을 상기하자.

언제 진입을 할 것인지를 설정하고 그때까지 기다려야 한다. 그러나 계속 시장을 바라보는 것은 힘든 일이기에 만들어진 것이 MIT인 것이다. 미리 예약을 해두고 잠시 다른 일을 하다가 진입이 되었다는 알림음을 듣고 그때부터 장을 바라보면 된다. 거래자 입장에서는 가장 편한 거래를 할 수 있게 만드는 것이고, 진입의 기회를 정확히 찾을 수 있는 방법이다.

특히 하락할 때 지수의 움직임은 상당히 급하게 이루어지는 경우가 많고 그 짧은 시간에 이루어지는 격한 반응에 대응하기는 어렵다. 이럴 때 MIT의 활용은 훨씬 마음을 여유롭게 한다.

흔히들 이야기하는 고점 매수 저점 매도란, 특정한 범위의 가격대를 유지하고 있던 지수가 그러한 범위를 돌파할 때 진입하는 것을 말한다. 만일 MIT가 없다면 지수가 움직일 때까지 긴장하면서 기다려야 할 테지만 MIT로 예약을 해두면 자연스럽게 체결이 될 것이니 활용하기 좋다. 특히 손절의 경우 거래하는 중에 손절하기는 힘이 들지만 새로운 진입과 동시에 손절 예약을 걸면 되니 거래가 더욱 원활하게 될 것이다.

MIT가 이렇게 좋은 것이지만 한 가지 유념할 사항이 있다.

MIT의 대부분은 거래자 컴퓨터에 설정을 하는 것이기에 지수가 급하게 거래되는 중이라면 거래소와 약간의 시간차가 존재한다. 시장가주문Market order를 넣었을 때 주문을 넣은 시점의 가격으로 체결되지 않고 넣은 시점보다 더 나쁜 가격으로 체결되는 것을 슬리피지Slippage라고 하는데 이점을 유의해야 할 것이다.

오일, 유로FX, 골드 등의 경우 거래를 하다보면 1초에도 100틱 이상의 움직임이 발생되는 절벽을 볼 수 있는데 이러한 때에는 MIT로 진행되었다고 하면 손실을 당할 수 있는 것이다.

MIT의 활용은 거래를 계속해야 하는 거래자의 입장에서 긴장감을 늦춰주고 자신이 원할 때 진입과 청산을 할 수 있게 해주니 적극 활용해야 할 것이다.

⒄ 진입 전에 손절 라인을 설정하고 진입하자(특히 역추세 매매 때)

많은 수익이 중요한 것이 아니라 적게 손실을 당하는 것이 더욱 중요하다.

수익을 결정하는 단어는 '많은 수익'과 '적은 손실'이다.
거래자들이 원하는 것은 '많은 수익'이다. 그러나 그것은 원한다고 이루어지는 것이 아니다. 원하지만 많은 수익을 얻으려고 계약수를 키워도 큰 손실만 당할 뿐이지 큰 수익을 얻는 경우는 별로 없다. 그러나 적은 손실은 거래자가 의도한 대로 될 수 있다.

손실을 한정할 수 있다.
손실액을 정하고 그 손실액만큼 손실을 당하면 가지고 있는 포지션을 청산하고 거래를 중지하면 되기 때문이다. 즉 통제가 가능한 것이 '적은 손실'이다.

많은 수익은 노력한다고 되는 것이 아니라는 것을 경험했다.
거래를 하다보면 자신이 얼마정도의 수익을 얻는지를 알 수 있다. 평균적으로 거래를 하는 계약수로 하루의 수익이 50~100만 원 정도가 되는 거래자라면 하루의 손실액을 최대 150만 원 정도로 한정하면 거래를 통하여 계속적인 거래를 할 수 있을 것이다. 왜냐하면 손실을 당한다고 하더라도 다음날 바로 손실을 복구하는 것이 가능하기 때문이다. 통제 가능한 것을 통제하려고 노력하면 된다. 되지도 않는 '많은 수익'을 얻으려고 자신이 허용할 수 없는 많은 계약수로 거래를 하기보다는 '적은 손실'에 집중해야 할 것이다.

이러한 '적은 손실'을 만들기 위해서 손절 예약은 필수다.

⒅ 거래는 자기만족이다. 자신을 속이지 말자

거래는 거래자의 자기만족을 위해 하는 것이다. 처음 거래를 시작하는 거래자의 입장에서는 적은 자본으로 큰 수익이 발생될 수 있는 시장이라는 생각에 진입했겠지만 사실 거의 모든 거래자들이 손실을 당하고 있다. 개인적인 생각으로는 최상위 0.001% 정도만 수익을 얻고 있다고 생각한다.

현실세상에서 선물거래를 통하여 누적 수익을 얻고 있는 거래자는 거의 볼 수 없다. 시장은 누구에게나 공개되어 있고 선물거래를 처음 접한 거래자는 당연히 손실보다는 수익을 얻을 것이라는 생각에 시장에 진입하지만 시장은 그렇게 녹녹하지 않다. 잘 알고 있겠지만 시장에서 성공하려면 몇 가지의 요건을 가지고 있어야 한다. 자본, 시간, 기법, 심법 등등. 다 중요하지만 자본과 시간은 꼭 필요한 요소다.

수익을 얻기까지 얼마의 시간이 필요한가?

이것에 대한 해답은 누구도 줄 수 없고 오로지 거래자 자신의 깨달음이 언제 올 것인가에 달렸다. 깨달음이란 수많은 경험을 하면서 얻어지는 것으로 조금씩 완성되어 가다가 완성된 순간부터 누적 수익이 생기기 시작하는 것이다.

그전까지 생존해 있어야 한다.

많은 거래자들이 처음부터 큰 수익을 얻을 수 있을 것이라는 환상에 자신이 감당할 수 없는 무리한 계약수로 거래하다가 큰 손실이 생기곤 한다. 그러한 손실이 몇 번 발생이 되면 가지고 있던 자금이 조금씩 없어져 간다.

문제는 손실을 당하면서 얻어지는 것이 형상화되어 거래자에게 확연하게 성공에 얼마나 다가갔는지 수치로 알려지지 않는 것에 있다. 어떤 곳에서도 거래자의 입장에서 일주일, 한 달, 1년, 5년, 10

년 이렇게 시간이 지날수록 자신이 얼마나 성공에 다가갔는지 알려주지 않는다. 밑 빠진 독에 물 채워 넣는 것 같은 생각에 낙담하고 다시 하고를 반복하게 되는 것이다.

손실을 계속 당하는 거래자가 겪는 생활고는 생각보다 문제가 된다. 주변의 시선이 싸늘하게 느껴지는 것이 당연하다. 처음 거래할 때는 가족을 위해 수익을 얻으려고 노력한다고 생각을 하지만 실지로 거래를 유지해가는 이유는 그것이 아니다.

사실 모든 거래자들은 자신의 만족을 위해 거래하고 있다. 거의 모든 거래자들은 거래를 하지 못하면 삶의 의미를 찾지 못하는 경우가 많다. 거래중독에 걸려있는 것이다. 무엇보다 그러한 자기만족을 위해 거래를 하는데 현실 세상에 영향을 줄 정도의 자금의 손실을 당해서는 안 된다. 따라서 취미생활을 한다는 생각으로 거래를 할 것을 권한다.

당구 혹은 탁구 등 거의 모든 취미생활을 하는데 배움의 시간이 필요하다. 그리고 조금 더 나은 경기를 하기 위해서는 많은 경험이 필요하다. 거래도 똑같다. 수많은 실수와 실패를 경험하면서 조금씩 나은 결과를 만들어내는 것이다.

어떻게 처음부터 수익을 얻을 생각을 한단 말인가? 당구 초보가 당구알을 치는 것과 당구 고수가 당구알을 치는 것은 똑같지만 결과는 아주 다르게 나오는 것과 똑같다.

손실을 당하면서도 거래를 계속하는 것은 무엇 때문인가?

수익을 원하기도 하지만 결국에는 거래자가 하고 싶어서 하는 것이다. 거래자의 주변에서는 거래자가 거래하는 것을 말리고 있는 상태일 가능성이 많지만 그러함에도 계속하는 것은 거래자가 자신의 만족을 위해 거래를 하고 있기 때문이다. 거래를 막고 있는 가족을 탓하지 말고 가족에게 영향을 주지 않을 만큼만 거래하면 된다.

거래를 계속하고 싶다면 계속 거래를 할 수 있는 방법은 얼마든지 있다. 스스로 거래 계약수를 줄여서 거래하면 된다.

나의 경우 수익을 목표로 거래하지 않는다. 평생 거래하는 것을 목표로 한다. 당연히 수익보다는 손실에 대한 생각을 많이 하게 되고 어떻게 하면 손실을 줄일 수 있는지를 먼저 생각하고 거래를 시작한다. 정말 좋은 자리에서 진입하려고 노력하고 최대한 작은 계약수로 거래하려고 노력한다.

거래는 거래자의 만족과 즐거움으로 유지되는 것이다. 이러한 거래가 거래자를 힘들고 고통스럽게 한다면 거래하는 의미를 찾기 힘들고 항상 지옥에 있는 것과 같은 느낌으로 살아가게 된다. 그곳에서 벗어나는 가장 좋은 방법은 계약수를 줄이고 거래 횟수를 줄이는 것 외에는 없다. 어차피 자기만족을 위해 거래한다면 조금 손실을 당하고 조금 수익을 얻으면 된다.

충분히 거래를 계속 할 수 있다. 실지로 거래자가 원하는 것은 계속 거래하는 것이기 때문이다.

(19) 추세의 방향이 맞을 때 많은 수익을 얻는 것이 중요하다

많은 수익을 얻으려면 몇 가지 갖추어야 할 것이 있다.

첫 번째는 방향을 알아야 하고 두 번째는 많은 계약수를 가지고 있어야 한다. 이것 외에는 없다.

방향은 맞고 계약수도 많다 ⇒ 많은 수익 (○)

방향은 틀리고 계약수는 많다 ⇒ 많은 손실 (×)

방향은 맞고 계약수는 적다 ⇒ 적은 수익 (○)

방향은 틀리고 계약수도 적다 ⇒ 적은 손실 (×)

말장난 같지만 방향이 맞으면 계약수를 늘리고 방향이 틀리면 계약수를 줄이면 많은 수익을 얻을 수 있고, 손실을 당하더라도 적은 손실로 마감이 된다.

방향이 틀린데 계약수를 늘리고 방향이 맞음에도 계약수를 줄이면 많은 손실을 당할 수 있고 수익을 얻더라도 적은 수익으로 마감이 된다.

예를 들면 수익이 나고 있으면 계약수를 추가하고, 손실이 발생되면 청산을 계속하면 많은 수익을 얻을 수 있고, 손실이 발생되더라도 적은 손실로 마감이 된다. 손실을 당할 때 계속 추가로 진입하면(물타기) 더 큰 손실이 발생되고 수익이 나고 있는데 자꾸 끊어서 먹으면 적은 수익으로 마감이 된다.

자신의 거래스타일을 살펴보자.

나의 경우도 매수로 진입했는데 하락을 시작하여 손실이 발생되면 최저의 가격이라고 생각되는 지점에서 추가로 매수를 하곤 했다. 물론 더 하락을 하면 또다시 최저점이라고 느낀 지점에서 추가매수를 계속했다. 그러다가 큰 손실로 로스컷 당했던 경험이 많다. 추세와 반대로 많은 계약수로 진행을 했기에 큰 손실이 당연하다.

하지만 거래할 때는 그렇게 물타기를 해서는 안 된다는 생각보다는 손실을 어떻게든 복구하려고 노력을 한 것이다. 결과는 너무나 깊은 하락에 자금 부족으로 로스컷 된다. 추세와 반대로 진행 중 즉 손실 중에 추가적인 진입 자체로 계약수를 키웠던 것이 문제다.

물론 기준선에 맞는 추가 진입이라는 것이라면 타당한 진입이라 할 수 있겠지만 그것이 아닌 막연한 최저점 느낌의 매수는 해서는 안 되는 행동이다.

추세에 맞는 진입의 추가 매수는 적극 추천하지만 사실 이것은 쉬운 일이 아니다. 이론적으로는 해야 할 행동이지만 이것은 정말 하기 어렵다. 오히려 수익이 발생된 것이 손실로 전환되는 것을 무서워하며 청산에 대한 생각에 주력하다가, 많은 수익을 얻을 기회를 놓치고 짧게 먹고 나오는 경우가 오히려 많다. 따라서 우리가 할 수 있는 것은 손실이 발생되었을 때밖에는 대응할 수단이 없다. 즉 막대한 수익을 얻을 기회가 없다면 결국에는 할 수 있는 것이 손실을 최대한 줄이는 것 외에는 없는 것이다. 내가 손실의 한정에 주력하는 이유가 여기에 있다.

거래를 하다가 수익이 많이 발생되어 그 수익을 먹은 기억은, 잠깐 밖에 나갔다가 왔는데 많은 수익이 발생되어 바로 청산한 적이 몇 번 있었다. 물론 포지션을 가지고 있지 않다고 생각을 하고 며칠 동안 계좌를 확인하지 않았을 적에도 수익이 많이 발생되기도 했다.

수익을 많이 얻으려면 많은 계약수에 대한 생각을 해야 한다. 어떤 때는 적은 계약수로 진입할 때가 있고, 어떤 때는 많은 계약수로 진행이 될 때가 분명히 있다. 어떤 때 많은 계약수로 진행되어야 하는가는 거래자 스스로 정할 수 있다.

진입의 자리가 높은 확률의 성공이 예상이 된다면 보통 때보다 많은 계약수로 진행해야 하며 진입 자체가 역추세로 진행이 되는 것이라면 최소 계약수로 진행이 되어야 할 것이다. 이러한 결정은 오로지 거래자가 얻은 경험에 의지할 수밖에는 없다.

추세가 맞다면 조금 더 추가하고 추세가 틀리다면 조금 더 청산에 주력하면 된다.

⑳ 돌발적인 사태로 인한 큰 폭의 하락에는 매수의 관점에서 접근하자

거래를 하다보면 특별한 사건이 발생될 때가 종종 있다.

예를 들면 북한의 포격, 또는 외국의 테러 등등. 이러한 특별한

사건에는 대부분 급락이 발생되곤 한다. 하지만 그러한 하락이 어느 정도의 시간 후에는 대부분 복구가 되는 경우가 많다. 특별한 사건이란 말 그대로 특별한 일이기 때문에 자주 발생하는 것이 아니다. 대부분의 특별한 사건이라는 것이 지수의 하락에 기여를 하는 경우가 많다. 그러한 때에는 지수의 하락이 마무리되는 시점에서 매수로 대응하는 것이 수익에 도움이 된다.

돌발적인 상황이 아닌 구조적인 문제의 사건에 대해서는 급하게 접근하지 말고 구조적인 문제가 해소될 때까지 조심해서 거래에 임해야 할 것이다.

(21) 사고팔고 쉬자(쉬는 구간이 존재해야 한다)

사고팔고, 사고팔고를 연속으로 계속 하다보면 결국에는 수수료에 죽고 긴장감에 죽는다. 쉬는 것도 거래의 한 형태이다. 한 달에 한 번 정도는 장중에라도 쉬는 날이 있어야 한다.

나의 경우 선물옵션 만기날인 둘째 주 목요일 오후 12시부터는 쉬는 시간을 가진다. 선물옵션 만기 날에는 대부분 큰 변동성이 발생되지만 실지로 거래에 참여해보면 그러한 변동성으로 인해 큰 수익을 얻는 경우는 별로 없다. 거래 주체들의 수익을 위해 지수가 움직이는 경우가 많기 때문에 이성적으로 움직이는 경우도 별로 없다. 열심히 따라다니다 결국에는 손실로 마감하는 경우가 자주 있어서 오후 12시부터는 휴식의 시간을 가지게 되었다.

거래를 하며 항상 긴장하고 있게 되면 결국에는 단명하게 될 것이니 조금의 여유는 필요할 것이다. 한 달에 하루는 쉬는 구간을 만들어야 한다. 또한 손실이 발생되면 손실을 감내하고 있지 말고 청산하자. 손실을 보고 있는 것 자체가 정신건강에 좋지 않다.

(22) 나는 높은 산과 깊은 계곡을 좋아한다

거래를 하다가 가장 힘든 구간이 있다. 횡보하는 구간이다. 지수가 크게 움직이지 않고 작은 움직임을 가지고 있으면 거래를 중지하는 것이 좋다. 실지로 작게 움직일 때 거래를 하게 되면 수수료만 많이 지불하고 큰 수익 역시 발생되지 않는다.

거래를 하다보면 자주 만나게 되는 구간이 횡보의 구간이지만 이것 역시 지수의 움직임에 막대한 영향을 끼치는 것이다. 횡보가 길수록 큰 움직임이 나타날 가능성이 있다. 따라서 횡보가 길면 길수록 큰 수익이 준비되어있다고 생각하면 횡보의 구간을 즐겁게 보낼 수 있을 것이다.

횡보를 바라보다가 큰 움직임이 발생이 되었을 때 너무 급한 움직임으로 인해 수익을 얻지 못했다고 해서 화를 내는 거래자가 종종 있다. 물론 수익을 얻을 기회를 놓친 것은 아깝다. 하지만 그 기회의 다음에 오는 기회 역시 존재한다는 것을 기억해보자.

아래의 그림을 보자. 작은 움직임 후에 큰 상승이 보인다. 그 후에 다시 큰 폭의 하락이 보인다.

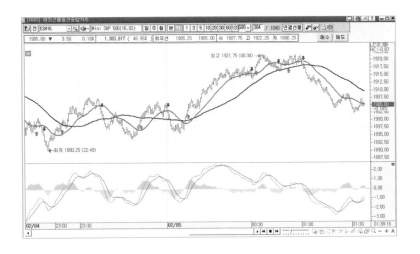

지수는 위아래로 움직이기 마련이지만 큰 상승의 움직임이 있으면 큰 하락의 움직임이 생기는 것은 오히려 당연한 것은 아닐까한

다. 하루에 세상이 얼마나 변했다고 하루에 2%의 상승이 발생될 수 있단 말인가? 만일 어제 상승을 크게 했다면 오늘 다시 하락하는 것이 오히려 당연하다는 생각이 든다. 따라서 큰 움직임에 얻은 것이 없다고 아쉬워하지 말고 다음에 오는 큰 움직임에 수익을 얻는 노력을 해야 할 것이다.

(23) 거래 중에 손실이 발생되는 것의 대부분은 추세에 역행했기 때문이다

대부분, 거의 대부분의 손실은 하지 않아야 할 때 거래를 한 경우다. 기다리지 못하고 진입하였거나 대부분 역추세로 진입을 한 경우다. 더군다나 큰 손실의 대부분은 그렇게 역추세로 진입을 하고는 또다시 물타기를 한 경우다.

(24) 추세로 움직이는 경우는 빠르게, 역추세로 움직이는 경우는 느리게 진행되기 마련이다

만일 역추세 포지션이 있는 상태로 지수의 움직임이 적다면 빠르게 청산하는 것이 손실을 적게 하는 방법이다. 반대로 생각하면 추세에 맞게 포지션을 가지고 있다면 지수의 움직임이 적은 경우

에 조금 더 기다려도 좋다.

대부분의 거래자들은 추세에 맞게 거래를 하기를 희망하고 현재 진행되고 있는 추세를 알고 있다. 만일 상승 추세 중에 있다면 조금 상승하게 되면 상승 포지션을 가지고 싶어 하는 많은 추세 추종 거래자들이 급하게 매수를 하게 될 것이다. 따라서 강한 상승으로 진행되게 된다. 이러한 이유로 추세에 맞게 거래를 하면 많은 다른 거래자들과 같은 방향으로 쉽게 수익을 얻게 되는 것이다.

역추세로 진입되어 있는 것을 확인하게 되면 가급적 빠르게 청산하여야 한다. 그렇지 않으면 계속 반대 방향으로 급하게 움직이는 지수로 인해 시간이 지날수록 큰 손실을 당하게 되어있다.

(25) 추세에 맞추어 거래를 하는 중에 손실이 자꾸 발생된다면 추세가 전환되는 중이다

추세에 맞추어 거래를 하는 중에 손실이 자꾸 발생된다면 추세가 전환되는 중이므로 전환된 후에 진입하는 것이 이득이다.

예를 들어 두 번 정도의 손실이 발생되면 추세의 전환 후에 진입하는 것이 손실을 줄이는 방법이다. 하루에 두 번 이상 손실이 발생된 경우 거래는 멈추는 것이 좋다.

MACD를 활용해서 거래를 하게 되면 추세가 전환되고 있는 것을 확인할 수 있다. 추세가 전환되는 중에 있다면 포지션을 조금씩 줄이면서 상황을 보아야 할 것이다. 언제나 그렇듯이 추세가 전환된 후에 거래를 시작해도 수익을 얻을 수 있기 때문이다.

⒃ 몇 계약으로 거래를 할 것인가?

거래에서 가장 중요한 것은 심리적인 불안감을 가지지 않고 거래를 하는 것이다. 그러한 거래를 하기 위해서 지금 가지고 있는 자금의 크기에 맞추어 거래 계약수를 정해야 할 것이다.

만일 자신이 가지고 있는 증거금이 선물 1계약을 유지할 수 없는 크기라면 거래를 해서는 안 될 것이다. 이유는 너무 작은 금액의 증거금으로 거래를 하다보면 단 몇 번의 거래 손실로도 거래에 필요한 증거금이 소진되기 때문이다. 수익을 얻는 거래가 있다면 손실을 당하는 거래도 역시 있는 법인데 증거금이 너무 적으면 몇 차례의 거래 실패로도 거래를 유지할 수 없게 된다.

선물옵션 거래자라면 3계약 이상을 거래할 수 있는 증거금을 가지고 있어야 된다고 생각한다. 거래를 하다보면 증거금의 여유가 얼마나 거래에 유익한 역할을 하는지 알게 된다. 적은 증거금으로 인해 로스컷 당하게 되면 거래의 연속성에 문제가 발생되어 또다시 진입에 어려움을 겪게 된다. 실지로 자금관리의 핵심은 증거금의 유지와 거래의 지속에 있다.

휩소의 경우 꼭 지수가 지금의 방향으로 움직일 것 같지만 조금 지나서 반대로 움직여 그것이 휩소인지 알게 된다. 증거금이 작아 그러한 휩소에 휘말려 로스컷을 당하고 제대로 거래도 하지 못하고 멍하게 모니터를 바라보게 되는 것은 일단 피해야 할 것이다. 그렇게 당하지 않으려면 휩소에서도 버틸 수 있는 증거금을 유지해야 할 것이다. 또한 자주 이야기하지만 자신이 기다렸던 기회가 왔을 때 증거금의 부족으로 크게 수익을 얻을 기회를 놓친다면 그것 또한 큰 문제다.

우리가 모니터를 보고 있는 것은 우리가 기다리던 때에 거래를 하기 위해서다. 그렇게 기다리던 때에 아무것도 하지 못하거나 아주 작은 금액으로 거래를 한다면 거래를 유지할 힘을 잃어버리는 것이다.

특히 국내지수 선물을 거래하는 거의 모든 거래자들이 겪었던 것 중에 하나가 지수가 자기가 원하는 쪽으로 전혀 움직이지 않아 손실로 당월물을 마감한 후 차월물을 거래하는 다음날에 원하던 방향으로 가는 것이다. 물론 이미 그 당월물의 손실로 인해 자금이 없는 상태가 되어 제대로 된 기회가 와도 거래를 하지 못하게 된다. 정말로 거의 모든 개인 거래자들이 경험한 일일 것이다.

거래자 스스로 원하는 때까지 기다리고 기다려야 한다. 그때가 올 때까지 자금을 확보하고 있어야 한다. 그때 온전히 큰 수익을 얻어야 우리는 거래를 유지할 자금을 마련할 수 있다.

보통 거래하는 것은 작은 금액으로 운용을 하며 감각을 지키는 수준으로 해야 한다. 우리가 기다렸던 때에는 많은 계약수로 거래를 하고, 보통 때는 최소 계약수로 거래를 해야 하는 것이다. 즉 거래할 때 계약수는 그때그때 다르게 적용해야 할 것이다.

(27) 얼마의 자금으로 시작해야 하는가?

개인 거래자의 대부분은 처음 시작할 때 아주 적은 자금으로 시작한다. 선물 계약수로 1~2계약 정도를 운영할 수 있는 자금을 가지고 시작을 하게 된다. 물론 적은 계약수로 경험을 쌓고 나중에 계약수를 키우는 것도 좋은 방법이다. 수익을 얻을 방법을 모르는 상태에서 자신의 모든 자금을 몰아넣는 것은 해서는 안 되는 일이다.

내 경험으로는 최대 3계약 이상의 자금을 운영하는 것이 좋았다. 물론 3계약 이상을 매번 거래할 때마다 사용하라는 것은 아니다. 다만 자신이 기다리던 때에는 모든 사용가능한 계약수로 거래를 하여 많은 수익을 얻어야 한다는 것을 강조하고 싶다. 따라서 보통 때는 거래 감각을 잃지 않으려는 노력으로 최소 계약수로 거래를 하다가 기다리던 때가 오면 많은 계약수로 거래를 행하는 것이 수익에 도움이 된다. 이때 최대 계약수는 많을수록 좋다는 것이다.

다만 누적거래를 통하여 수익을 얻지 못하는 거래자가 많은 자금을 운영해서는 안 된다는 것은 이야기하고 싶다. 수익을 얻지 못하는 거래자에게 큰 자금은 몇 번의 거래로 큰 손실을 당하게 하기 때문이다.

2014.6.20. Euro Fx

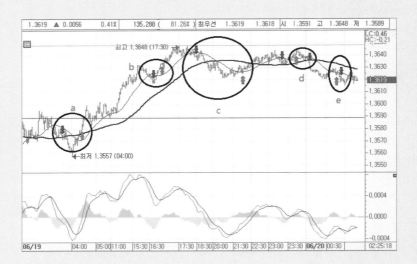

추세가 상방일 때 a의 경우 손실, 추세가 상승일 때 b도 손실이 나지만, 추세의 전환이 발생 중에 있는 c의 경우 수익으로 청산이 된다. 그 후에 추세가 하락 방향일 때는, 매수의 경우 즉 d와 e는 당연히 손실로 청산이 된다.

추세에 역행해서 거래를 할 때는 손실이 발생하는 것이 당연한 것이고 추세와 같이 움직일 때 수익은 당연하다. 특히나 일반 거래자의 경우 진입을 한 후에 손실이 발생되는 중에 신호가 발생이 되더라도 청산하지 않고 버티는 경우 크나큰 손실이 불가피하다. 그러한 신호는 대부분 급하게 오는 경우가 많아 기민한 반응을 하지 못하는 경우에 이미 큰 손실이 발생된 후에 청산이 되는 경우가 많다.

나는 그동안 "역추세 매매의 경우 수익을 짧게 가져가는 것이 좋고 손절 예약도 함께 하면서 진입해야 한다."고 자주 말해왔다.

추세와 수급 117 |

(28) 자주 거래한다고 수익률이 좋아지는 것은 아니다

시장은 자신이 움직이는 방향을 잘 예측할 수 없게 한다. 하지만 가끔 지수의 움직임을 확인하게 알 수 있는 때가 있다. 즉 시장의 참여자 누구나 지수가 움직이는 방향을 알 수 있는 때가 있다. 그때 거래하는 모습을 보면 누가 프로인지 누가 아마추어인지 알 수 있다. 프로는 그러한 때를 놓치지 않고 진입하여 수익을 창출한다. 아마추어는 그러한 때 반대로 진입한 것을 들고 우기고 있든지, 결정을 망설이며 진입을 하지 않는다.

누구나 지수의 움직임을 알 수 있음에도 불구하고 수익을 얻는 거래자가 있고, 아무것도 얻지 못하거나 오히려 손실을 당하는 거래자가 생기는 것이다.

보통 10번의 거래 중에 4번은 지수의 방향을 전혀 알 수 없는 때고, 3번은 알쏭달쏭한 거래고, 나머지 3번은 당연히 지수의 방향을 알 수 있는 때다. 프로는 당연히 지수의 방향을 알 수 있을 때 적극 거래에 참여를 하고, 아마추어는 지수의 방향을 전혀 알 수 없을 때 적극적으로 거래에 참여를 한다. 당연히 프로는 확실히 돈을 벌지만 아마추어는 돈을 벌수 있을지 확실히 알 수 없다.

꼭 10번의 거래에 다 참여할 필요가 없다. 거래자가 자신 있을 때 거래에 참여해도 충분하다. 처음 거래하는 거래자의 대부분은 자신이 지금 들어가야 하는 때인지 아니면 쉬고 있어야 하는 때인지를 판단하기 어렵다. 내가 자주하는 말 중에 "지수의 방향을 확언할 수 없으면 거래를 중지해야 한다"는 말이 있다. 모든 거래에 참여하지 말고 자신 있을 때 거래하면 그것으로 충분하다고 생각한다.

(29) 많이 먹으려고 하지말자

인간의 탐욕은 엄청나다. 더 많은 것을 먹으려고 하면 할수록 더 많은 손실을 당하는 것을 알고 있음에도 또다시 탐욕 때문에 수익으로 마감할 수 있음에도 손실로 마감하곤 한다.

나는 종종 "손절을 정하고 그 손절을 당하면 '고수'요, 그 손절 라인까지 다가왔을 때 철회시키거나 손절 라인을 움직이는 거래자는 '최하수'"라고 이야기한다. 그 정도로 대부분의 거래자들은 손실을 인정하지 않으려고 한다. 인간이 탐욕의 동물이라는 것을 먼저 인정해야 보다 거래를 잘 할 수 있다.

탐욕을 가지고 많은 수익을 얻으려고 하면 할수록 손실이 크다는 것을 알게 된다. 그것은 거래자가 거래를 통해서 자신의 탐욕에 대해 알아가는 과정의 하나라고 생각한다. 나는 많은 경험을 통해서 탐욕을 적게 가지려고 한다. 물론 적은 경험으로 바로 수익이 커지는 것을 희망하겠지만 사실 그렇게 되는 경우는 별로 없다.

모든 거래자가 일정한 과정을 거쳐야 한다. 단언하건데 많이 먹으려고 애쓰면 애쓸수록 그 과정이 오래 걸릴 수 있다.

거래를 할 때 자주 느끼는 것 중에 하나가 손실이 발생되었을 때 추가로 진입하고 싶은 생각을 가지는 경우다. 손실을 극복하고 수익을 얻고 싶은 열망에 자꾸 추가 진입을 하고 싶어 한다. 나 역시도 그러한 유혹을 느낀다. 문제는 이미 손실 중이라는데 있다.

재미있는 사실은 수익 중에 추가로 진입하고 싶어 하는 거래자는 거의 없다는 것이다. 항상 손실 중에 추가로 진입하여 평균단가를 거래자가 유리한 쪽으로 움직이고 싶어 한다. 하지만 그렇게 해서는 안 된다. 기준 없이 아무 때나 진입하는 것은 스스로 불구덩이로 들어가는 것이다.

이미 진입을 하였다면 그것으로 족하다. 손실 중에 자꾸 포지션을 움직일 생각을 버리고 미래에 올 아주 좋은 기회를 기다리는 것이 현명하다. 꼭 내 방향으로 지수가 움직일 것이라는 착각을 가지지만 그렇게 내 방향으로 오면 지금 가지고 있는 포지션으로 수익을 향유하면 된다. 군이 추가로 더 수익을 얻으려는 노력은 필요치 않다. 추가로 진입하면 손실이 더 커지는 경우가 더 많다는 것을 생각하자.

이미 손실 중이라는 것 자체가 시장과 내가 맞지 않는다는 것이다. 더 많이 먹으려고 손실 중에 추가로 진입할 생각을 하지 말자. 너무 많이 먹으려고 하지 말자. 탐욕을 배제시키는 노력을 하고 참자.

(30) 하지 말아야 할 때 하지 않는 것이 더 중요하다

거래자의 대부분은 포지션을 가지고 있는 것을 좋아한다. 포지션을 가지고 있지 않을 때 변동성이 폭발할 것 같은 느낌이 들기 때문이다. 조급증이다. 사실 포지션을 가지고 있을 때가 더 위험하다. 포지션을 가지고 있지 않은 상태는 손실의 위험이 없다. 물론 수익을 얻을 수도 없다.

나는 자주 이야기한다.
"손실을 당하다 수익을 얻으면 본전이고, 손실을 당하지 않은 상태에서 수익을 얻으면 온전한 수익을 얻는 것이다"

문제는 손실을 당하지 않는 방법을 아는 것이다.

손실의 대부분은 뻘짓(하지 않아야 할 행동)으로 당하는 경우가 많다. 차라리 하지 않으면 손실이 없을 텐데 아무 때나 거래해서 당하는 손실이다. 하지 말아야 할 진입으로 손실을 당하면 손실도 손실이지만 스스로에게 실망하게 된다. 모든 거래는 진입의 근거가 있어야 하며 그 근거가 없어지는 순간 청산함이 옳다.

뻘짓의 대부분은 진입의 근거가 없는 경우다. 단지 마음이 동해서 하는 경우가 많다. 지수가 많이 하락한 상태에서 너무 많이 하락했으니 이쯤해서 반등할 것으로 보여 매수 한다는 식이다. 차트는 계속 하락으로 진행되고 있는 상태에서 단지 많은 하락으로 상승할 것이라는 막연한 생각으로 매수하곤 한다. 필패다. 남들 다 매도하고 있는 상태에서 자기만 매수하니 당연히 손실이다. 간혹 수익을 얻을 수는 있겠지만 그 버릇으로 인해 누적 손실이 계속 발생되어 시장에서 퇴출된다.

버릇이라는 것이 오묘해서 고치기 힘이 든다. 거의 모든 거래자는 버릇으로 거래를 한다고 말해도 좋다. 잘못된 습관을 고쳐야 한다. 이러한 잘못된 버릇은 기준이 되는 거래로 벗어날 수 있다.

기준이 없는 막연한 거래에서 벗어나야 할 것이다.

무언가를 열심히 하려고 하지 않아야 한다. 나는 선물거래를 열심히 하라고 하지 않는다. 무엇을 열심히 해야 한단 말인가? 추세에 맞추어 진입과 청산을 반복하면 그뿐이다

하지 말아야 할 때 아무것도 하지 않으면 된다. 뻘짓해서 손실을 당할 바에는 아무것도 하지 말아야 한다. 손실을 당하지 않고 있다가 수익을 얻어야 진짜 수익이 되는 것이다.

(31) 조금 느리게 거래하는 것이 좋다

거의 모든 거래자가 자주 하는 실수 중에 하나는 조급한 진입이다. 확실한 자리에서 거래를 해야 함에도 불구하고 확실한 자리가 올 때까지 기다리지 못하고 빠른 진입을 하여 손실이 발생할 때가 많다. 특히 한 틱 혹은 두 틱을 기다리면 되는데 미리 진입하는 경우도 그렇다. 거래를 하다보면 특별한 자리가 나온다. 그 자리는 굉장히 예민하여 한 틱 혹은 두 틱의 움직임에도 아주 다른 결과를 만드는 경우가 있다.

미리 진입을 하여 마음고생과 손실을 당할 바에는 차라리 늦게

진입하는 것이 좋다. 늦게 진입하였다고 하여 큰 손실이 나는 것도 아니고 오히려 안전한 자리에서 진입을 하니 편하게 장을 볼 수 있다. 한 틱 혹은 두 틱의 손실을 아끼려고 하지 말고 조금 더 확실한 때 진입함이 수익에는 도움이 된다.

(32) 내용이나 모양이 구체화되지 않는다면 뇌가 인정하지 않는다

거래는 상당히 추상적인 생각들의 조합으로 거래자가 최선이라는 것을 선택 하는 것이다. 지금 잠시 무언가를 느끼고 그 느낌으로 거래를 해서 수익을 확보하였다고 하더라도 아직 정확히 어떠한 것으로 인해 수익 거래를 했는지 뇌가 기억을 하지 못하고 있을 수 있다.

만일 방금 전의 거래를 통해서 수익 거래에 대한 무언가를 느꼈다면 지금의 느낌을 글로 적어보고 다시 생각하는 시간을 충분히 가져야 한다. 그래서 충분히 뇌에 깊이 새겨지게 해야 한다.

나의 경우에도 무언가를 느끼고 한동안 수익을 얻다가 조금씩 다른 결과를 낳았던 적이 있다. 이유는 그러한 무언가를 정리하여 뇌에 새기지 않았기 때문이다.

거래는 상당히 많은 변수로 인해 선택을 강요하는 것이다. 하지만 그 많은 변수 중에 가장 큰 몇 가지를 선택하면 좋은 결과를 만들 수 있다. 그러한 큰 몇 가지 중에 한 가지를 지금 느꼈다고 생각이 될 때는 그것을 잘 정리하여 뇌에 새겨야 한다. 정리를 확실히 하지 않은 상태에서 거래만 계속하게 된다면 지금 얻은 무언가를 잊어버리는 결과를 낳는다.

수익 거래라는 것이 실지로 몇 가지의 생각만으로 이루어진다는 것을 알게 되었는데 그 몇 가지를 잊어버린다면 얼마나 아프겠는가? 자신의 거래에 지금 얻은 것을 계속 포함시키려면 많은 시간을 그것에 대해 생각하여야 할 것이다.

(33) 장을 조금 크게 볼 때도 있어야 한다

통상적으로 시장이 조밀한 움직임으로 연속될 때 아주 작은 움직임에도 조급한 마음이 생기게 된다. 조금만 크게 보아도 다급하고, 조급한 마음이 생기지 않을 곳에서도 너무 작게 보다보면 그것이 크게 느껴지는 경우가 있다.

가끔 시장을 크게 볼 필요가 있다.

예를 들어 30분봉, 120분봉, 일봉, 주봉 등등. 지금 거래를 하고 있는 틱봉 차트가 아니라 조금 큰 차트를 본다면 지금의 위치에서의 조밀한 움직임에 너무 집중하지 않아도 된다는 것을 확인할 수 있을 것이다.

결국에 우리가 얻어야 할 것은 성공적인 거래이며 그것은 작은 움직임에서도 얻을 수 있지만 큰 움직임에서도 얻을 수 있기 때문이다.

또한 가끔 가다가 너무 조밀한 움직임에 집중을 하다가 큰 움직임을 놓치는 경우가 종종 있다. 그림에서처럼 앞의 조밀한 움직임에 집중을 하다보면 나중에 나오는 큰 움직임에 대응을 하지 못할 수 있다.

조금 크게 볼 때도 있어야 한다.

조밀한 움직임이 연속 될 때, 즉 긴 횡보가 나올 때는 오히려 나중에 큰 움직임이 나올 가능성이 더 많다는 것도 인식할 필요가 있다. 긴 횡보 후에 큰 움직임이 나오는 것을 자주 보게 된다.

그림에서 확인할 수 있다.

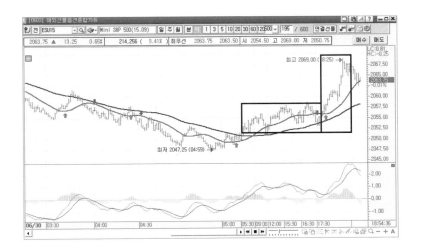

(34) 우리는 기계와 거래하고 있다

　지금 우리의 반대편에서 거래하고 있는 거래자가 사람이라고 생각을 해서는 안 된다. 지금 거래되는 계약수의 70~80%는 기계가 거래하고 있다고 나는 생각한다. 시스템 트레이딩이라고 하는 것은 어떠한 조건이 만족되었을 때 매수 혹은 매도 신호를 내고 그것에 맞추어 시장에 진입을 하는 것을 말한다.

　규모 있는 운용사의 대부분이 이러한 시스템 트레이딩을 이용하여 거래를 하고 있다는 것을 염두에 둔다면 거래에서 수익을 얻기는 쉬울 것이다. 시스템 트레이딩이라는 것 차체를 이해하면 어떤 때 거래를 해야 하는지를 쉽게 알 수 있기 때문이다.

추세에 맞추어 진입해야 하는 이유는 거의 모든 기계가 특별한 신호가 발생되지 않는 한 그 추세의 포지션을 유지하고 있기 때문이다. 즉 특별한 매도 신호가 발생되지 않는 한 매수 신호가 유지된다는 것이고 그것은 1분봉 차트에서 매수 신호가 발생되고 유지가 된다면 2분봉에서 역시 매수 신호가 발생되고 5분봉에서 매수 신호, 10분봉, 15분봉, 30분봉 등등 계속해서 매수 신호가 유지되게 되는 것을 말한다. 즉 추세가 만들어지면 그 추세로 많이 가는 이유가 계속해서 단기에서 장기로 이어지면서 매수 신호가 발생되기 때문이다.

따라서 한 번 신호가 발생되면 그쪽으로 계속 진입을 해야 하는 이유가 그것이다. 다른 추세로 확인이 될 때까지 계속 동일한 방향으로 진입을 함이 타당하다.

거래자들이 많이 하는 손실을 당하는 실수 중에 지수가 많이 상승했다고 생각하며 특별한 매도 신호가 발생되지 않았음에도 매도로 진입을 하는 경우가 있다. 이러한 경우 손실이 발생될 수 있는 이유가 특별한 신호가 발생되지 않은 상태에서 기계는 포지션을 유지하고 그 방향으로 계속 진입이 이루어지기 때문에 그렇다. 기계는 많이 올라가서 떨어질 수 있다는 생각 자체를 하지 않는다는 것을 상기해야 할 것이다. 따라서 큰 추세에서 손실을 당하지 않기 위해서는 특별한 신호가 발생되지 않는 한 추세의 반대로의 진입은 하지 않아야 한다.

(35) 거래에서 가장 든든한 힘은 많은 증거금이다

선물 거래자가 거래하는 것은 선물 거래이며 이러한 거래를 하기 위해서는 증거금이 필요하다. 증거금은 거래를 하는데 있어서 가장 중요한 것이다. 증거금이 없어지면 거래를 멈추게 된다. 수많은 거래자는 증거금 관리에 실패하여 성공의 즐거움을 겪지 못하고 시장에서 퇴출된다. 증거금 관리의 시작과 끝은 한 문장으로 통한다.

"오늘도 거래할 수 있어야 하고, 내일도 거래할 수 있어야 하고, 내가 죽을 때까지 거래할 수 있어야 한다."

이런 증거금의 효용을 크게 발휘할 수 있는 경우는 계약수를 최대한 적게 거래할 때다. 많은 증거금으로 아주 곤란한 상황은, 많은 계약수로 손실이 발생되고 있는 경우다. 많은 증거금은 사람의 심리를 안정시킨다. 1000만 원 중에 100만 원은 큰 고민을 만들지만 1억 중에 100만 원은 그리 큰 문제를 만들지 못한다. 만일 10억 중에 100만 원이라면 얼마의 영향력을 가질 수 있겠는가?

거래를 하는 중에 많은 계약수는 심리를 흔들리게 한다. 거래자에게 심리적인 압박감으로 작용해 결국에는 잘못된 선택을 하게 한다. 정상적인 상황에서 선택하는 것보다 판단을 흐리게 하는 역할을 하는 것이다. 포지션이 작았다면 수익 거래로 마감할 수 있었는데 포지션이 커서 견디지 못해 청산한 경우를 모든 거래자들이 경험해 보았을 것이다.

이러한 심리에 양향을 미치지 않을 만큼 많은 증거금을 가지고 있기를 희망하고 그 전까지는 적은 계약수로 거래를 하며 증거금 관리를 해야 할 것이다.

(36) 증거금의 몇 %로 거래를 해야 하나?

거래를 하다보면 '현재'의 나에게 가장 알맞은 계약수가 몇 개인지 궁금한 경우가 있다. 현재 내가 얼마의 '현금'을 가지고 있느냐에 따라 다르게 나타날 것이다.

절대적인 법칙은 결단코 자신이 가지고 있는 현금의 50%를 초과하여 거래를 하여서는 안 된다는 것이다. 내 생각에는 가지고 있는 자금의 15%가 가장 타당하다.

1억의 현금을 가지고 있다면 1500만 원의 증거금을 사용하여 거래를 하여야 할 것이다. 만일 부족함을 느꼈다면 최대 50% 이하로 제한함이 타당하다. 많은 계약수로 거래를 하면 큰 수익을 얻을 것처럼 생각이 되지만 위험도 동일하게 커져 큰 손실의 가능성도 발생된다.

문제는 수익의 경우 최대로 포지션을 끌고 다니지 않지만 손실이 발생될 경우 최대의 포지션으로 끌려 다니는 경우가 많다는 것이다. 즉 증거금을 최대로 쓰는 경우의 대부분은 수익보다는 손실인 경우가 대부분인 것을 인정해야 할 것이다.

거래를 하다보면 증거금의 중요성은 아무리 강조해도 지나침이 없다. 얼마의 계약수로 거래를 할 때 즐거움을 유지하며 수익의 기쁨까지 얻을 수 있을까를 항상 생각하여야 할 것이다.

한 가지 확언한다면 거래 계약수는 적을수록 편하게 거래할 수 있다는 것이다.

어떠한 경우에라도 거래는 계속할 수 있게 하여야 한다.

2015년 10월 S&P500의 강한 상승을 보여준 차트를 보자.

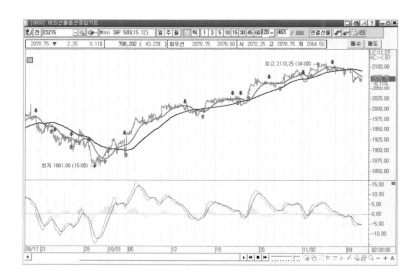

최저 1861.00부터 시작하여 최고 2110.25까지 상승을 하였다. 약 250 포인트의 상승이 나타났고 약 1000틱의 상승이었다. 즉 한 계약 당 1000틱×$12.50= $12,500 ×1,158원=14,475,000원의 움직임이었다. 한 계약 당 증거금이 $5,060을 생각할 때 매수로 진행하면 2배 이상의 수익을 얻을 수 있는 기회였다. 하지만 매도로 대응하는 거래자의 입장이었다면 큰 손실을 당하는 상황이 발생되었을 것이고, 계속 상승하는 지수의 움직임에 따라 증거금을 계속 채워 넣어야 하는 상황이 발생되었을 것이다. 이러한 증거금을 메우기 위해 실지로 거래를 중지하게 된다면 일단 증거금 관리의 실패라고 할 수 있다.

나는 평소 자금관리의 핵심은 "오늘도 내일도 그리고 계속 거래를 할 수 있게 하는 것"이라고 말해 왔다. 즉 어떠한 경우라도 거래를 매일 할 수 있게 자금 관리를 해야 한다는 것이다. 지수의 변동성이 클 때 계약수를 적게 하는 것이 위험을 회피하는 가장 좋은 방법이라는 생각을 해야 할 것이다.

거래가 계속 되어야 하는 또 다른 이유는 계좌폐쇄를 당하고 한동안 거래를 하지 않게 되면 지금까지 자신이 가지고 있던 경험을 잠깐 놓치는 경우가 생기기 때문이다. 계좌폐쇄 후에 다시 자금을 모아 거래를 시작한다고 해서 과거의 경험들이 바로 거래에 녹아들지 않고 또다시 어느 정도의 시간이 지나야 그러한 경험에 기초한 거래가 이루어진다. 즉 손실을 또다시 당하며 기억이 돌아오기를 기다려야 한다.

이러한 손실이 아깝기에 거래가 계속되게 해야 하는 것이다. 다시 거래를 하기 위해 자금을 마련해서 거래를 시작한다고 해서 바로 수익 거래를 할 수 없기 때문에 다시 모은 자금은 감각이 돌아오기 전에 다 소진되어 버린다. 이러한 것이 반복되면 수익의 기회를 얻기는 더욱 힘이 들게 된다. 이렇게 되지 않기 위해서는 일단 거래는 계속 유지되어야 한다.

(38) 나의 방향이 틀릴 수 있으며 틀렸을 때 대처방안이 있어야 한다

거래를 하다보면 내가 원하는 방향으로 지수가 진행될 것이라는 생각으로 거래를 시작한다. 물론 그렇게 내가 원하는 방향으로 진행되어 수익으로 마감이 되면 좋다. 하지만 그것이 되지 못하고 내 방향이 아닌 반대 방향으로 진행이 되어 손실이 발생되는 것도 자주 볼 수 있다.

거래자들이 자주 하는 실수 중에 하나가 강한 자기 확신으로 인해 손실을 당할 가능성을 전혀 상상하지 않고 거래에 임한다는 것이다. 그렇게 아무 생각 없이 진행하게 될 때 손실이 크게 될수록 어떻게 처리를 해야 할지에 대해 전혀 대응을 하지 못한다. 생각은 자유로워야 하며 내 방향이 아닌 반대 방향으로도 진행될 수 있음을 염두에 두고 거래를 시작해야 한다.

이럴 때 가장 좋은 대응 방법은 거래를 시작함과 동시에 손절을 설정하는 것이다. 손절의 좋은 점은 지수의 방향과는 상관없이 내가 컴퓨터 앞에 계속 있지 않아도 된다는 것이다. 거래는 신경을 계속 써야 하는 것이지만 매 순간 긴장을 하며 거래를 할 수는 없다.

이러한 손절이 더욱 강력한 모습을 보일 수 있는 때는 이미 진입을 해서 손실을 보고 있는 순간에 새로운 기회가 와서 추가로 진입할 때 추가로 진입한 것에 대해 손절을 예약할 때다. 잘못되면 더 큰 손실이 발생될 수 있는 상태의 거래에서 더 큰 손실을 당하지 않게 하는 가장 좋은 방법이다. 손실의 한계를 정하고 추가해 진입해서 잘못되더라도 그 손실만 감당하면 되기 때문이다. 물론 내 방향으로 지수가 움직여 수익의 기쁨을 주는 것이 더 좋겠지만 현실은 항상 좋은 쪽만 아니라 나쁜 쪽도 생각을 해야 하는 것이다.

매순간이 선택의 순간이다. 특히 손실 중의 추가 거래는 항상 손절을 생각하며 진입함이 타당할 것이다.

(39) 성공할 수밖에 없는 매매 방법

자신이 의도하지 않지만 거래를 하는 거래자의 대부분은 손실을 당할 수밖에 없는 방법으로 거래를 한다.

손실 거래 중 가장 많이 하는 거래 방법 중 하나가 수익을 얻을 때는 1계약 혹은 작은 계약수로 하며 손실을 당할 때는 2계약 이상 혹은 많은 계약수로 거래를 하는 것이다.

복기를 해보면, 일단 시장에 진입할 때는 1계약 혹은 2계약으로 진입을 한다. 만일 수익이 발생되면 수익을 확보하고자 청산을 먼저 생각한다. 그러나 진입 후에 손실이 발생되는 상황이 발생되면 기다렸다가 청산을 하는 게 아니라 새로운 거래를 추가하여 계약수를 늘리는 노력을 한다. 즉 잘못된 거래를 추가한다. 그렇게 거래를 하다보면 손실이 났을 때 많은 계약수로 끌려 다니는 것을 볼 수 있다.

이렇게 거래를 한다면 결코 누적으로 수익을 얻을 수 없다. 하지만 그것에 대해 깊이 생각하지 않고 대부분의 거래자는 습관적으로 그렇게 거래를 한다. 왜냐하면 물타기를 해서 본전 혹은 수익을 얻은 기억을 가지고 있기 때문이다. 차라리 본전이나 수익을 얻지 못하게 되면 그렇게 거래 습관이 잡히지 않았을 테지만 그렇게 거래를 해서 본전을 찾은 기억이 다시금 그렇게 물타기를 하게 만드는 것이다.

하지만 과거의 거래를 다시 한 번 복기해 본다면 그렇게 거래했을 때의 성공 확률이 30% 정도 된다는 것을 확인할 수 있을 것이다. 나머지 70%의 확률의 손실을 당하는 것을 확인할 수 있다.

그런데도 왜 30%의 확률에 기대며 물타기를 하는 것일까?

그 이유는 사람은 망각의 동물이기 때문이다. 사람은 과거 나빴던 기억을 잊어버리려고 하는 특성이 있다. 70%의 확률의 손실을 기억하지 않으려고 하며 30%의 수익이 더욱더 많이 생각이 나는 것이다.

손실을 당하다가 결국에는 본전에 청산을 하니 얼마나 짜릿했겠는가? 당연히 더욱 오랫동안 그러한 기억을 곱씹게 된다. 그러다가 똑같은 상황이 발생되면 그때의 기억을 떠올리며 그때와 같이 거래를 하게 되는 것이다. 30%의 확률로⋯. 결국에는 70%의 손실이 발생되니 시장에 계속 손실을 당해 퇴출 되는 것이다.

그것을 벗어나는 방법이 여러 가지가 있다.

첫째는 손실이 발생되면 추가로 진입을 하지 않는 것이다. 즉 물타기를 하지 않는 것이다. 수익이 났을 때만 추가로 진입을 하면 된다. 하지만 수익을 얻을 때만 추가로 진입을 하는 거래를 하는 거래자는 거의 없다. 그것을 하지 못한다면 손실이 발생될 때 추가로 진입을 하지 않는 것만이라도 지킨다면 시장에서 손실을 당하는 경우는 별로 없을 것이다.

둘째는 손실 중에 있지만 진입을 해야 하는 자리에서 진입하는 것이다. 물론 손실이 발생될 때 진입을 하지 않아야 한다고 이야기 했지만 이렇게 진입을 하지 않는다면 지금 진입한 자리로 올 때까지 멍하니 있어야만 하는 것이다. 이것은 거래가 아니다. 차트는 계속해서 움직이고 있고 위아래로 흔들리고 있으며 단기 추세가 있으며 장기 추세가 있다. 첫 번째에 매도했다면 그리고 추세가 상승으로 진행되고 있어서 손실 중이라면 어쩔 수 없이 가만히 있어야 하겠지만, 시간이 지나 추세가 하락으로 진행되고 있다면 당연히 하락으로 새롭게 진입을 해야 한다.

이때 중요하게 생각할 것이 두 번째로 진입을 할 때는 새롭게 진입하는 계약수 만큼 손절 예약을 걸고 진입을 해야 한다는 것이다. 첫 번째는 진입에 실수가 있을 수 있지만 두 번째로 진입을 할 때는 계약수가 많아져 의도하지 않는 방향으로 진행이 된다면 큰 손실을 감내해야 하는 것이다. 따라서 그러한 상황이 발생될 때 손실을 한정하는 것이 중요하니 당연히 손절 예약을 걸면서 진행해야 한다. 이렇게 다수의 계약으로 진행을 하였는데 내가 원하는 방향으로 진행이 된다면 좋은 것이다. 문제가 될 것이 없다.

문제가 되는 것은 내가 원하는 방향으로 진행이 되지 않을 때다. 당연히 두 번째로 진입을 했던 것이 손절 처리가 되었을 것이다. 여기서 손절 처리가 되지 않았다면 거래를 멈추어야 한다. 언제나 그렇듯이 이렇게 빈틈을 보이면 시장은 가혹하리만치 그 틈을 파고들어 실패하게 만든다.

두 번째 진입한 것이 손절 처리가 되었다면 당연히 다음 기회를 기다리면 된다. 지수는 언제나 계속 상승만 하지 않고 계속 하락만 하지 않는다. 높이 오르면 깊이 하락을 한다. 깊이 하락을 한다면 높이 상승한다.

수많은 기회가 오지만 거의 대부분이 고통스러운 시험 후에 큰 수익의 기회를 준다. 가급적이면 적은 고통 뒤에 큰 수익의 기회를 얻기를 희망한다. 거래자 스스로 그렇게 만들 수 있다. 차트를 보면서 계속 앉아있는 이유를 상기해보자.

(40) 매매를 중지하고 있다면 현재 수익을 얻고 있는 중이다

거래를 하루 종일 계속해서 할 수는 없다. 언젠가 거래 포지션을

가지고 있지 않은 상태가 만들어진다. 바로 직전 큰 수익을 얻어 만족하며 즐거움에 포지션을 정리를 하든지 아니면 큰 손실을 당하여 어쩔 수 없는 손절로 거래 포지션을 정리를 하게 된다.

거래자는 수익을 얻기를 희망한다. 익절로 포지션을 정리하고 싶지만 손절로 포지션을 정리하는 경우도 있다. 중요한 것은 이렇게 포지션 정리를 한 후에 새로운 거래에서 손실을 당할 가능성보다 수익을 얻을 기회가 많다는 것이다.

거래자가 가장 냉철하게 방향을 볼 수 있는 때는 포지션을 잡지 않고 있는 때다. 즉 거래를 멈춤으로 인해 수익을 연속해서 얻을 수 있을 가능성을 높일 수 있다. 거래를 계속한다고 수익을 얻는 것은 아니기에 손실이 날 가능성이 많은 때에는 당연히 쉬고 있음이 수익에 도움이 된다.

거래를 시작한 거래 초보자의 경우 거래 중독에 빠져 있는 경우가 많다. 거래 포지션이 없는 상태에서는 큰 변동성이 발생되었을 때 수익을 얻지 못한다는 불안감에 계속 포지션을 가지고 있는 경우가 종종 있다. 하지만 큰 변동성이 발생되더라도 내 방향의 반대로 움직일 경우가 훨씬 많다는 것이다.

즉 포지션을 유지하고 있는 상태에서 큰 변동성이 발생되어도 수익보다는 손실을 당한 경우가 훨씬 많은 것을 확인할 수 있을 것이다. 만일 수익이 발생되었으면 이미 청산을 한 후였을 것이고 손실 중이기에 계속 보유하고 있었기 때문이다.

즉 추세와 반대로 진입이 되어 있다가 추세대로 시장이 움직이니 당연히 손실이 더 크게 발생된다. 추세와 반대로 있는 상태(손실이 발생되어 있는 상태)로 가지고 있는 경우가 수익 중일 때보다 월등히 많기에 손실이 커지는 경우가 많은 것이다. 거래자가 자주 하는 실수 중에 수익은 짧게 손실은 길게 보유하는 경향으로 이러한 결과가 만들어진다.

따라서 포지션을 가지고 있지 않는 것이 훨씬 수익에 도움이 된다. 매매를 중지하고 있다면 그 자체만으로도 수익을 얻고 있는 중인 것이다.

(41) 매수는 손절 예약을 한 후에 거래한다

2016년 1월을 맞이하여 큰 수익을 기대하며 거래를 시작하였다. 첫날부터 매일 거래를 열심히 하였으나 이렇다 할 수익을 얻지 못하였다. 더구나 매일매일의 거래가 큰 손실을 감내하다가 얻는 작은 손실이었기에 하루하루 견디어 내기 힘이 들었다. 결과를 보아서는 수익으로 마감을 하지만 그 중간의 과정이 너무나 힘이 들었다는 것이다.

그러다가 2016년 1월 14일 0시부터 시작된 하락장에서 매수로 대응을 하다가 큰 손실을 당하게 된다.

2016.1.14. 틱봉 차트

1933.50에서 1878.00까지 55.50포인트의 하락을 감내한 것이다. 틱 수로는 222틱 한 계약 당 $ 2,750의 움직임이었다. 온전한 매도 거래자였던 나는 오랜만에 매수로 대응을 하였으나 손실이 계속 늘어나고 있었음에도 어떠한 대응도 하지 못하였다. 그 이유는 강한 상승의 마인드가 생겨 매수로 진행을 하였기 때문이다. 손실이

발생될 것이라는 생각 자체를 하지 않았기 때문이다. 또한 그전에 강한 상승을 하고 있었던 상황이었기에 계속 상승을 할 것이라 확신을 하고 있었다.

2016년 1월 120분봉 차트

결국에는 하락에 대응하지 못하고 손실을 감내하다가 나중에 적은 손실로 만들어 청산이 되었다.

매수의 문제는 언제나 급한 하락에 대한 공포에 있다. 급하게 상승하는 경우는 별로 없지만 급하게 하락하는 경우는 너무나 많다. 공포란 막연한 무언가에 대한 것을 말한다. 어느 정도 하락한 후에 마무리가 된다는 것을 알고 있다면 공포스럽지 않지만 어디까지 하락할지 모르기 때문에 공포스러운 것이다.

매도자의 경우 상승을 하더라고 급한 상승이 없기에 적절한 시점에 청산을 할 수 있는 경우가 많다. 하지만 깊은 하락을 하는 경우 높은 가격에 매수를 한 매수자의 경우 언제 그 가격까지 올 수 있을지 예측하기 어렵다. 따라서 조금이라도 비싸 보이는 지금 급하게 매도하게 되는 것이다.

매도의 경우 계속적인 상승을 하더라도 더 높은 가격에서 매도하더라도 큰 걱정이 생기지 않지만 매수자의 경우 계속 낮은 가격에 매수하는 것은 상당히 부담스럽다. 따라서 매수를 하는 거래자라면 손절 예약을 먼저 하면서 거래를 하면 좋다.

태생적으로 매수의 경우 추세 하락 중에 다시 그 매수한 가격까지 상승하는 시기를 예측하기 어렵다. 또한 어떠한 이슈가 발생되어 상승하는 경우 역시 드물다. 어떠한 이슈가 발생되어 하락하는 경우는 오히려 더욱 많다. 따라서 매수의 경우 손절 예약을 하면서 거래를 해야 할 것이다.

(42) 늦게 들어가도 추세가 맞다면 먹을 게 많다

거래를 하다보면 이미 많이 내려간 것 같아서 매도로 진입하기가 어려울 때가 있다. 너무 많이 내려서 올라갈 시기만 살피는 것 같은 움직임을 차트가 만들고 있다고 생각하게 된다. 따라서 추세에 맞는 매도보다는 역추세인 매수로 대응하여 손실을 당하는 경우가 많다.

대부분의 추세가 만들어지면 크게 움직일 때가 많다. 이미 많이 하락을 했다고 하더라도, 늦게 진입을 하더라도 많이 먹게 해주는 경우가 많다.

내가 음성리딩 때 추세 하락 중에는 "죽어도 매도"라고 자주 이야기했다. 이러한 말의 뜻은 추세 매매를 하고 손실을 당하면 손실에 대한 아픔은 용서할 수 있다는 말이다. 하지만 추세하락 중에 매수로 손실이 발생하게 되면 역추세 매매로 손실을 당한 것이고 이것은 추세 매매를 하는 거래자 입장에서는 용서할 수 없는 손실이라는 것이다.

"죽어도 추세 매매"를 말하는 것이다.

역추세 매매에서 문제가 되는 것은 물타기다. 역추세에서 손실이 발생하게 되면 거의 대부분의 거래자들은 물타기를 하게 되는데 손실을 극대화시키는 가장 좋은 방법이다.

추세 매매자에게 추세에 맞는 계약수의 증가는 당연히 수익을 극대화시키는 좋은 방법이고 어차피 추세에 맞추어 거래를 하는 거래자이기에 당연히 수익거래로 마감될 가능성이 많지만, 역추세 매매자에게 계약수의 증가는 큰 손실을 남기게 되는 경우가 많게 된다.

사람은 자기가 기억하고 싶은 것만 기억하기에 역추세 매매로 인한 손실이 크지만 수익을 얻었을 때의 기억만 남게 되어 계속 역추세 매매로 손실을 당하게 되는 것이다.

이러한 결과를 알고 싶다면 자신의 계좌를 보면 잘 알 수 있다. 계속적인 손실이 발생되고 있다면 자신의 거래 방법이 잘못된 것이라는 것을 확인할 수 있다. 거기에 큰 손실이 몇 번씩 반복된다면 물타기를 즐겨하는 거래자라는 것도 확인할 수 있을 것이다.

언제나 그렇듯이 추세 매매를 하는 것이 수익에 도움이 된다. 늦었다고 생각하지만 실지로는 큰 추세의 시작일지도 모른다. 늦게 들어가도 추세가 맞다면 먹을 게 많다.

⑷ 최고점과 최저점을 찾지 말자

사람은 생각하는 동물이다. 대부분의 거래자들은 최고점 혹은 최저점에서 거래를 하기를 원한다. 가장 좋은 수익률을 내는 것이 최저점에서 매수해서 최고점에서 매도하는 것이기 때문이다. 따라서 거의 모든 거래자들은 최저점에서 매수하기를 원하고 최고점에서 매도하기를 원한다.

거래 중에 최저점이 아닌데도 최저점으로 보이는 경우가 있다. 시간이 지난 후에 최저점을 더 하향해서 지수가 움직여야만 최저점이 아닌 것을 확인할 수 있다.

현재는 최저점이지만 미래에는 최저점이 아닐 수 있는데도 현재로는 최저점이라는 인식을 거래자는 하게 된다. 최저점이기에 매수하면 큰 수익을 얻을 수 있을 것이라는 생각에 매수로 거래를 하게 된다. 단지 현재 최저점이라는 생각에 매수로 진입을 하는 것이다.

하지만 아직 미래가 오지 않았기에 그것이 진정한 최저점인지는 확인이 되지 않는다.

최고점일 것 같다는 생각 역시 마찬가지다. 현재 최고점으로 되어있고 조금 지수가 하락을 한다면 지수의 하락으로 거래를 시작한다. 왜냐하면 거래자가 보기에 현재 고점을 찍고 하락하는 것으로 보이기 때문이다. 물론 미래가 오지 않았기에 그것이 진정한 최고점인지는 확인이 되지 않는다.

추세는 웬만해서는 꺾이지 않는다. 추세 상승 중에 최고점을 찍고 하락하는 것처럼 보이지만 실지로는 고점을 계속 갱신해 나가며 상승 중에 있는 경우가 많다는 것을 잊지 말아야 한다. 최고점이라는 생각보다는 큰 상승 중에 고점을 갱신하는 중이라는 생각을 한다면 현재의 고점이 최고점이 되기 어렵다는 것을 알게 될 것이다.

우리가 최고점 혹은 최저점을 찾으려는 노력을 할수록 오히려 손실이 커질 가능성이 많다. 차라리 추세를 믿고 추세에 맞추어 진입과 청산을 하는 것이 오히려 수익에 큰 도움이 된다. 최고점, 최저점을 찾을 필요도 없고, 찾으려는 노력을 하다보면 엄한 곳에서 역추세로 진입을 하게 된다는 사실을 항상 생각해야 할 것이다.

⑭ 역추세 매매 시 틱(단타)거래를 하지 않는다(무엇을 해도 안 된다)

역추세 매매를 해서는 안 된다. 하지만 거래를 하다보면 하게 되는 것이 역추세 매매다.

역추세 매매할 때 몇 가지 주의 사항이 있다.
역추세 매매는 진입부터 실패한 거래가 될 가능성이 너무 많다. 대부분의 실패한 거래는 자꾸 추가로 무언가를 하려고 할 때 더욱더 손실이 극대화하는 경향이 있다. 즉 실패한 것을 계속 주물러본들 손실만 크게 난다는 것이다.

＊ 틱거래(단타): 지수가 위 아래로 움직이는 것을 이용하여 초단기적으로 3〜4틱의 수익을 추구하는 거래를 말한다. 어떤 때는 1틱의 수익을 위해 거래할 때도 있다.

역추세 매매일 때는 가급적이면 틱(단타)거래를 하지 않는 것이 좋다.

차트를 보면 알겠지만 추세 하락 중에 매수를 한다고 가정을 해보자.

틱거래를 하자면 매수와 청산을 반복하게 된다. 매수를 했다고 하면 추세와 반대로 진입을 한 것이고 추세의 방향으로 움직인다면 매수 포지션을 가지고 지수의 하락을 맞이하게 된다. 즉 손절을 하지 않는다면 큰 손실이 불가피하게 나타나는 것이다.

추세와 반대로 거래를 할 때는 틱거래조차도 손실을 만들게 되는 상태가 만들어지는 것이다. 추세의 반대로 거래를 시작했다는 것 자체도 문제지만 그 상황에서 하는 어떠한 거래도 손실을 더욱 확대시킬 수 있는 거래라는 사실을 알아야 한다.

따라서 추세에 역행해서 하는 거래는 진입 전에 손절 예약을 하고 진입을 해야 하고, 그것이 익절이든 손절이든 확정이 되는 시기까지 더 이상 어떠한 거래도 추가해서는 안 될 것이다.

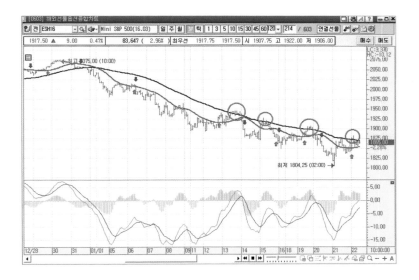

(45) 거래 전략 중에 최고의 전략은 회피다

　거래는 가급적 승리할 확률이 70% 이상 되었을 때 진입하면 좋다. 여기서 이야기하는 승리할 확률이란 자신이 거래를 하면서 얻어지는 경험을 통하여 만들어야 한다. 거래를 계속하면서 각각의 거래자마다 진입을 하는 위치가 다르다. 그러면서 어떤 자리에서 진입을 하면 높은 수익의 확률이 생기는 것을 알게 된다.

　가장 잘하는 거래자는 수익의 확률이 높을 때만 거래하는 거래자라고 생각한다. 그 나머지 거래에서 수익을 얻을 가능성이 낮은 때는 회피해야 한다.

조금이라도 찜찜한 거래는 회피해야 한다.

거래 기준에 맞지 않는 거래는 회피해야 한다.

손실 중에 새로운 진입은 회피되어야 한다.

거래를 회피하는데 모든 노력을 다하여야 한다.

실제 하루 중에 거래를 할 만한 자리는 몇 번 없다. 내가 아는 가장 좋은 거래 전략은 회피다.

⑷⑹ 거래는 기다림이다

기다리면 수익을 얻을 수 있다.

선물 거래자의 대부분은 거래 중독에 걸려 있다. 선물 계좌에 돈을 입금하고 차트를 보고 있으면서 거래를 하지 말라고 하면 참기 힘들어 한다. 하지만 모든 거래에 동참을 할 수 없고 그렇게 동참을 한다고 해도 항상 수익을 얻을 수 없다는 것을 우리는 잘 알고 있다.

진입 후 청산하면 일단 새로운 기회가 올 때까지 쉬어야 한다. 언제나 말하지만 "포지션을 가지고 있지 않은 그 순간에 차트를 잘 볼 수 있다."

거래자는 누구나 경험했을 것이다. 올라갈 것 같은 막연한 생각에 1계약을 매수하고 그 1계약이 손실이 발생되기 시작하면 거래자가 어떠한 움직임을 보이는지 생각해보자.

손실을 견디지 못하고 손실 중에 새로운 매수를 추가하고 결국에는 더 큰 손실을 당하곤 한다. 이미 추세는 전환되어 상승 추세가 아님에도 손절을 하기보다는 추가로 매수하는 잘못된 거래를 한다. 손절을 하고 반대로 진입하면 수익을 얻을 수 있음에도 현재 가지고 있는 포지션의 영향으로 그 방향에 계속 진입하게 된다. 현재 자신이 가지고 있는 포지션의 방향이 맞는 것 같은 착각을 하게 된다. 이것을 뭐라고 할 것이 아니라 자신이 가지고 있는 것의 방향이 맞다는 착각을 하게 되는 것이다. 이것이 자기가 포지션을 가지고 있을 때 발생될 수 있는 전형적인 예다.

방향이 바뀌었음에도 인지 못하게 하는 것이 현재 포지션을 가지고 있을 때인 것이다. 따라서 포지션이 없을 때 오히려 차트가 잘 보여 수익을 계속해서 만들 수 있는 것이다.

기준선을 정하고 그 기준선에 맞았을 때 거래를 해야 한다. 의미 있는 기준선에 맞추어 거래를 한다면 의미 없는 거래를 회피할 수 있다.

많은 시간을 포지션 없이 지내보자.

조금 더 기다려 보자.

더 좋은 기회가 오고 있다.

시간이 있으면 과거의 차트를 보면서 거래하기 좋았을 때가 언제였던가를 찾아보자.

S&P500 선물을 기준으로 하루에 한 번 혹은 두 번 정도 거래자에게 10포인트 이상 수익을 주는 기회를 주는 것을 확인할 수 있다. 돌이켜 보면 다 보이지만 거래 중에는 잘 보이지 않는다. 하지만 꼭 준다.

중요한 것은 그러한 기회가 끊임없이 생성되고 있다는 것이다. 이번에 손실이 발생되어도 괜찮다고 시장은 이야기를 한다. 계속 끊임없는 기회를 만들기에 손실에 낙담하지 말고 새로운 기회를 새롭게 잡으면 된다. 기회가 아니라는 생각이 들면 그냥 손절하면 된다. 그러한 손절이라는 것이 평생을 거래할 거래 중에 한 번이기에 아무런 문제가 되지 않는다. 손절 1번 혹은 2번이 평생 거래에서 그리 많은 비중을 차지하지 않기 때문이다.

수없이 많은 기회에 계속 맞는 방향이라고 생각되는 방향으로 진입과 청산을 반복하는 것이 거래다. 맞으면 수익이고 틀리면 손절

하면 된다. 중요한 것은 계속 수익을 얻을 기회를 시장은 만들어준다는 것이다. 몇 번의 손실로 인해 낙담하지 말고 손실이 발생되면 빨리 손절하고 새로운 기회를 기다리자.

(47) 안 되는 날은 어떻게 해도 안 된다

거래를 하다보면 안 되는 날이 있다. 아무리 노력해도 되지 않는다. 노력하면 할수록 더 손실이 늘어난다. 거래 중에 항상 수익을 얻을 수 없다. 분명코 손실이 발생되는 날이 있다. 손실이 발생되었을 때 이것을 어떻게 한정할 수 있는지를 생각해야 한다.

아무리 노력해도 안 되는 날은 그냥 자리에서 일어나 밖으로 나가야 한다. 계속 앉아서 거래를 지속한다면 손실을 한정할 수 없다.

시장과 나는 같은 방향으로 진행되어야 한다. 시장의 방향과 나의 방향이 다르면 손실이 불가피하다. 시장과 내가 다른 방향으로 계속 거래를 한다는 것은 손실을 당하겠다는 말을 하는 것이다.

2016.2.5. S&P500 지수 선물의 경우 30 포인트가 빠지는 중에 나는 매수를 가지고 있었다. 당연히 손실을 당하였지만 계속적인

대응을 하지 않아서 처음 진입한 계약수로 손실을 한정하고 있다가 기준선을 상향 돌파하는 추세의 전환에 추가 매수하여 손실 없이 청산을 하였다. 다행스러운 것은 추가로 물타기를 하지 않아 편하게 손실 없이 마감하였던 것이다. 저녁 7시부터 새벽 1시30분까지 계속적인 하락을 하였다. 만일 물타기를 시작했다면 큰 손실로 마감이 되었을 가능성이 많은 날이었다.

　나의 경우 하락보다는 상승에 더 가능성이 있다는 생각에 장을 보았으나 지수의 하락이 발생되어 시장과 나의 방향이 다르게 된 것이다.

시장과 내가 다르게 움직인다는 생각이 들고 거래를 하였는데 계속적인 손실이 발생되면 당연히 거래를 멈추고 장을 떠나는 것이 더욱 좋다고 나는 생각한다. 나 역시 거래를 통하여 2~3번 정도의 손절이 발생되면 거래를 멈추고 밖으로 나가려고 노력한다.

안 되는 날은 어떻게 해도 안 된다는 생각을 해야 한다. 안 되는 날 손실이 발생되었는데 그것을 수익으로 전환하려는 노력을 하면 더 큰 손실이 발생될 가능성이 있으며 이러한 손실이 거래의 수익률을 현격하게 떨어트리게 한다.

손실이 발생되었다면 그 손실이 적을 때 거래를 멈추는 것이 무엇보다 필요하다. 계속 거래를 함으로 인해 손실을 키워서는 안 된다. 안 되는 날은 안 된다고 생각하고 차라리 밖에 나가서 친인을 만나는 것이 거래에 도움이 된다는 것을 유념하자.

(48) 수익은 시장이 주는 것이다

수익의 크기는 내가 결정하는 것이 아니다. 그것은 시장이 결정해준다. 거래를 계속한다고 계속 수익을 얻을 수 없다. 아무리 기준선으로 거래를 잘한다고 하더라도 그 기준선(파란선)에서부터 크게 움직여야 큰 수익 거래가 가능하다.

지수라는 것이 횡보하다가 크게 움직이는 경우가 많다. 기준선 거래라는 것이 기준선(파란선)을 기준으로 크게 움직이지 않으면 결코 수익을 얻을 방법이 없다.

　만족스럽지 않은 수익이라도 시장에서 주는 수익이면 어쩔 수 없이 받아들여야 한다. 욕심으로는 많은 수익을 얻기를 희망하지만 시장이 주지 않으면 결코 얻을 수 없는 것임을 인정해야 한다.

　특히 손실을 당했을 때 꼭 수익으로 전환시키려고 노력할 때 조금만 더 크게 움직여주면 수익으로 전환될 것인데 지수가 그렇게 움직이지 않는다. 정말로 아쉽지만 거기까지다. 조금 더 욕심을 채우려고 더 버티면 시장은 가혹하게 더 큰 손실을 주는 경우가 많다. 시장이 다음 기회에 거래하라고 이야기하고 있는 것을 듣지 않으면 큰 손실을 당하게 되어있다. 사람은 자기가 생각하는 것만 보이고, 보고 싶은 것만 보게 되어있다. 시장이 주지 않는다고 차트가 이야기하고 있다면 그것을 인정하고 청산할 것을 권한다. 차트가 추세가 바뀌었다고 이야기하면 멈추면 좋다. 시장이 주는 만큼만 수익을 얻으면 된다.

(49) 만족하자. 계속 거래할 수는 없다

　거래하면서 제일 중요한 것이 어디서 멈출 것인가를 결정하는 것이다. 계속 거래만 하면서 하루를 보낼 수 없다. 예전에는 거래하는 시간이 많지 않았지만 지금은 원하면 일어나서 잘 때까지 하루 종일 거래할 수 있다. 국내지수 선물뿐만 아니라 해외지수 선물까지 하면 거의 하루 종일 거래가 가능하다. 원하면 1시간만 자면서 매일 거래할 수 있다. 하지만 그렇게 생활을 해서는 안 된다.

분명코 어디선가 거래를 멈추고 쉬어야 한다. 나의 경우는 하루에 목표한 수익 금액을 정하고 그 금액을 초과하면 거래를 멈추려고 노력한다. 물론 잠을 자고 있지 않다면 조금 더 거래를 하지만 가급적 최소 계약수로 진행한다. 수익을 확보한 후에 다시 손실이 발생하면 안 되기 때문이다. 결국에는 멈추는 때가 있고 그때 수익을 얻고 있으면 만족해야 한다. 과한 욕심은 언제나 거래자에게 거래만 계속 시킬 뿐이다.

(50) 눈을 감고 차트를 생각해 보자! 보이는가?

매일 거래하는 종목의 차트를 눈을 감고 생각해보자. 차트가 잘 보이면 차트를 잘 따라가고 있는 것이고 잘 보이지 않다면 아직 그 종목에 익숙해지지 않은 것이다. 몰입하지 않은 것이고 아직도 익혀야 할 것이 많다는 것이다.

최소한 120분봉 차트는 항상 보고 있어야 하며 지수의 방향을 생각하고 있어야 한다. 기준선(파란선) 아래에 있는지 위에 있는지….

틱거래(단타거래)를 하더라도 자신이 추세에 맞게 거래하고 있는지 역추세로 거래하는지를 알면서 진입해야 한다. 역추세로의 진입을 최대한 회피하면서 거래해야 하기 때문이다.

모든 차트가 보이면 좋지만 최소한 자신이 주력으로 거래하는 종목의 틱봉, 5분봉, 120분봉, 일봉 정도는 그릴 수 있을 정도로 기억하고 있어야 한다. 그마저도 안 된다면 한 가지 120분봉 차트라도 알고 있어야 할 것이다.

(51) 수익률 그래프에서 계단식 하락이 보이면 물타기를 한 것이다

며칠 동안 잘 거래를 하다가 한 번에 그 며칠 동안 벌었던 돈보다 더 많은 손실을 당하는 경우를 자주 당한다. 수익률 차트는 우상향하여 나아가야 하는데 그렇지 않고 계단식 하락을 한다면 거의 100% 물타기를 한 것으로 보아야 할 것이다.

나는 자신이 평균적으로 버는 하루 수익액 정도만 손실을 당하면 거래를 멈추는 것이 좋다고 자주 이야기했다. 그것이 실지로는 아주 힘 드는 일인 것은 사실이지만 그렇게 해야만 한다.

　그림을 보자. 만일 계단식으로 하락하는 수익률 그래프에서 물타기로 인한 손실액이 하루 손실액으로 한정했다면 이런 모양이 나올 것이다. 자신의 아주 사소한 습관으로 인해 손실이 계속된다면 그것을 고치면 된다. 자신의 수익률 그래프를 우상향시키는 방법은 수익을 높이는 것보다는 거래를 멈춤으로 만들어진다는 사실을 기억하자.

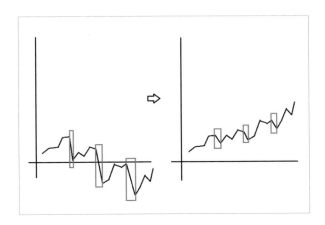

(52) 성공이 가까이 있다고 생각하지 말라. 아직도 많이 남았다

수익이 계속 발생되고 있다. 벌써 영업일수로 8일째 수익 거래를 하고 있다. 어느 사이에 고수의 반열에 오른 듯한 느낌이다. 이제 수익을 계속 얻어 즐거운 일만 일어날 것처럼 느껴진다.

나의 경우 선물옵션거래를 시작한지 8년 정도 지났을 때 20일 정도의 영업일수 동안 500만 원으로 1억 6천만 원 정도 누적수익을 얻은 적이 있다. 그때 이제 나의 수준이 많이 올라 큰 희망을 품었었다. 하지만 그 후 약 7영업일수 만에 돈을 다 소모해서 계좌폐쇄를 당했다. 돌이켜보면 그때 변동성이 워낙 커서 옵션 양매수만 해도 크게 벌수 있는 때였다. 그때 나의 능력이 좋아서 수익을 얻었던 것이 아니라 변동성이 커서 수익을 얻었던 것이었다. 즉 시장이 수익을 준 것이다. 그래서 나는 계속되는 수익이 약 한 달 반 이상 이루어져야 어떠한 평가를 할 수 있다고 이야기를 한다.

거래자들이 착각하는 것은 성공이 아주 가까이에 온 것처럼 생각하고 있다는 것이다. 특히나 선물거래라는 것이 매수와 매도로 이루어져 있기에 성공 확률이 50%라는 착각을 하지만 실지로는 그렇지 않다는 것을 거래자들은 다 알고 있을 것이다. 만일 50%라면

매일 손실을 당하는 사람이 있다는 것을 설명할 수 없다. 즉 성공 확률이 개인에 따라 다르게 나오는 것을 먼저 이해를 해야 한다. 나의 성공 확률의 높이는 노력을 계속하여야 한다. 가끔 얻는 수익이 실지로는 자신의 실력이 좋아서 얻는 것이 아니라는 것을 기억하자.

(53) 거래 중에 방향을 확신하지 말자(60~70%만 확신하자)

내가 거래를 하면서 가장 큰 손실을 당할 때는 100% 확신을 할 때였다. 돌이켜보면 그때 왜 그렇게 큰 확신을 가지고 있었는지 이유를 모르지만 어쨌든 큰 손실의 대부분은 내 방향에 큰 확신을 가지고 있었던 때였다. 손실이 발생되고 있다는 것부터 이미 내가 틀린 것이라는 것을 말해주고 있는데 내 방향이 맞다고 확신을 하며 계속 추가로 진입을 하는 상태였다.

시장의 방향은 항상 옳은 것이고 내가 손실을 당하고 있다면 내가 틀린 것이다. 그것을 잘 알면서도 왜 내 방향이 맞다고 생각을 하며 추가 진입을 하면서 큰 손실을 당하는 것일까?

이것은 지극히 당연한 것이다. 이유를 생각해 보자.

먼저 진입을 매도로 했다고 하자. 하필이면 진입과 동시에 상승을 하여 금방 손실이 발생되었다. 당연히 매도했다는 것은 지수가 '하락을 할 것이라는 생각'에 진입을 하였을 것이다. 잠깐 손실이 발생되지만 바로 수익으로 전환될 것이라는 생각에 기다려 본다. 하지만 지수가 위아래로 움직이면서 수익이 발생되기도 하고 손실이 발생되기도 하면서 움직이다가 10분 정도 후에 손실이 조금씩 커지게 되었다. 손실이 50만 원이 초과되면서 손실을 극복하고 수익으로 전환시킬 생각을 한다.

추가적인 매도를 생각하게 된다. 마침 지수가 조금씩 하락하는 모습을 보인다. 당연히 '하락할 것이라는 생각'에 매도를 추가한다. 매도한 후에 바로 하락하는 것 같더니 긴 횡보를 시작한다. 손실액이 50~80만 원 사이를 움직인 지 2시간 만에 손실액이 드디어 150만 원을 돌파했다. 손실액이 조금씩 커지면서 조바심이 생긴다. 마침 지수가 하락하는 것처럼 보인다. 다시 추가로 '하락할 것이라는 생각'에 2계약을 추가 매도한다. 총 6계약을 운영할 수 있는데 4계약을 매도한 것이다. 통상적으로 2계약 이상을 거래하지 않았는데 벌써 4계약을 거래하고 있다. 조금 지나서 손실액이 400만 원을 초과하기 시작했다.

장 마감이 다가온다. 통상적으로 하루 중에 지수가 많이 상승하면 장 마감 무렵에 30% 정도의 하락이 발생되었다는 생각이 들었다. 다시 지수가 '하락할 것이라는 생각'에 나머지 2계약을 추가로 매도한다. 하지만 오히려 장이 30%의 상승으로 마감한다. 하루 총 손실액이 800만 원이 넘게 되면서 차마 청산을 못하고 오버나잇을 하게 된다. 그러면서 내일은 하락하면 좋겠다는 생각을 한다. 하지만 내일 갭 상승을 하면서 시초가에 손실액 1,600만 원으로 장을 시작하게 된다.

위의 사례는 실제 거래하는 거래자라면 누구나 겪었을 법한 사례다. 단지 진입을 시작한 후에 '하락할 것이라는 생각'을 하며 3번의 추가 매도를 강행한다. 여기에 어디에도 기준선을 하향 이탈했다는 말이 없다. 원웨이One Way로 상승하는 날에 이러한 매도를 계속 추가했다는 것이다. 단지 '하락할 것이라는 생각'에….

자기 암시를 하며 계속 추가 진입을 하고 있었기 때문에 차트가 반대로 가는데도 불구하고 계속 매도로 진행된 것이다.

포지션이 없는 상태에서 차트를 보았다면 분명코 매수로 진행했을 것을, 포지션이 매도 중에 있고 손실 중이라는 이유로 계속 하락할 것이라는 생각'을 한 것이다. 자주 이야기를 하지만 사람은 자기가 보고 싶은 것만 보게 되고 하고 싶은 생각만 한다. 자기의 실수 혹은 잘못을 인정하지 않고 오히려 그 손실을 줄이려는 노력을 하게 한다. 그것이 오히려 더 큰 손실을 만드는 방법이 되어 버린 것이다.

계속 진입을 하면서 외치는 '하락할 것이라는 생각'으로 자기암시를 계속하니 그 생각에서 벗어날 수 없는 것이다. 그러면서 확신을 계속하게 된다.

그래서 나는 확신을 하더라도 100% 확신을 가져서는 안 된다는 것이다. 딱 좋은 것이 약 60~80%의 확신이다.

50%의 확률에서는 진입이 되지 않는다. 최소한 60% 이상의 확률에서 진입을 하게 된다. 하지만 90% 이상의 확신은 오히려 독으로 작용할 가능성이 있다. 자기의 방향이 틀릴 수 있다는 생각은 계속 가지고 있어야 한다. 그러기에 60~80% 정도가 좋다.

내가 경험하기에 100%의 확신은 항상 큰 손실을 가져 왔다. 100%의 확신이 있으면서 수익 중인 적은 별로 없다. 하지만 100%의 확신에 손실 중이라면 큰 손실을 당하게 된다.

100%의 확신은 회피해야 한다.

⑸ 어느 때 매도하는 것이 좋은가?

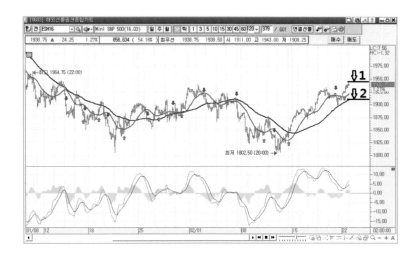

　지수가 움직이고 있는 상태에서 우리는 꼭 매도를 한다고 하자. 선택은 1과 2중에 하나를 선택해야 한다면 어떤 것을 선택하는 것이 좋은가?

　1은 고점에서 매도하는 것이고 2는 기준선 아래에서 매도하는 것이다. 현재 꼭 매도를 해야 한다면 어떤 것을 선택해야 하는가?

　1에서 매도한다면 추세 상승 중에 매도하는 것이며 추세 추종이라 할 수 없다. 남들이 다 매수하고 있을 때 나 혼자 매도하는 것이다.

2에서 매도 예약을 한다면 지수가 꺾여서 추세 하락으로 진입하고 있을 때 매도하는 것이며 남들도 다 매도하려고 할 때이다.

거래를 하면서 가장 중요하게 생각할 것이 내가 매도로 진입을 할 때 남들도 매도를 하고 있어야 한다는 것이다. 물론 내가 매수할 때 남들도 매수를 하고 있어야 한다. 남들이 매수하고 있을 때 내가 매도하고 있다면 그 거래는 실패할 것이다.

(55) 가장 화가 날 때는 좋은 기회가 왔을 때 돈이 없다는 것이다

거래 중에 가장 화가 나는 것은 좋은 기회가 왔을 때 돈이 없는 것이다. 거래에 집중하다보면 자신이 어디에 위치해 있는지도 모르고 마구 풀배팅을 하는 때가 있다. 그러다가 누가 봐도 좋은 기회라고 하는 때가 오면 정작 거래할 증거금이 없는 때가 있다. 좋은 기회가 왔음에도 다른 종목의 포지션이 잡혀있어 좋은 기회를 놓치게 되는 것이다.

좋은 기회라고 생각되는 때는 통상적으로 하루에 1번 정도 온다고 나는 생각한다. 그러한 기회만 거래를 하는 것이 좋다. 그러나 대부분의 거래자들은 그러한 기회가 오기 전에 이미 다른 종목에 풀배팅을 한 상태로 있다. 따라서 그때 수익을 얻지 못하고 오히려 손실을 당한다.

거래는 증거금이 있을 때 가능한 것이다. 항상 풀배팅을 하고 있지 말아야 한다. 좋은 기회를 잡는 것이 수익에 도움이 된다. 하루 종일 거래를 하지 않고 있어도 좋다. 가장 좋은 때에만 거래해도 충분하다. 증거금을 항상 남겨두자.

(56) 포지션을 오래 가지고 있으면 손실 가능성이 많아진다

거래를 하다보면 포지션을 오래 가지고 있게 되는 경우가 있다. 하지만 이렇게 포지션을 오래 가지고 있는 것 자체가 수익을 얻을 확률보다는 손실을 볼 가능성이 많다. 포지션을 가지고 있는 중이라면 작은 손실이라도 나고 있는 상태이기 때문이다.

예를 들면 수익 중이라면 거래를 하다가 잠시 나가게 되는 상태라면 청산을 하고 나갔을 것이다. 지금은 수익 중이니 아무 때나 청산이 가능하다. 즉 수익을 확정하는 것이기 때문에 고민을 하지 않고 청산한다. 하지만 손실 중이라면 그렇게 하지 않는 경우가 더 많다. 왜냐하면 손실을 확정하는 것을 거래자 스스로 싫어하기 때문이다.

만일 현재 포지션을 가지고 있다면 손실이 발생 중인 경우가 훨씬 많고, 그 이야기는 추세에 역행하고 있다는 이야기다. 따라서 오래 가지고 있으면 있을수록 손실의 가능성이 더 커진다. 더군다나 그 추세가 큰 추세라면 오래 가지고 있을수록 더 큰 손실이 발생될 것이다.

거래자의 대부분은 수익을 얻고 싶어 하며 손실을 당하지 않으려고 한다. 따라서 손실을 당하고 있는 포지션을 청산하는 것은 손실을 확정하는 것이기에 최대한 청산을 하지 않으려는 노력을 하기 마련이다.

손실을 확정한 후에 반대 방향으로 다시 진입을 하려고 하는 것도 문제가 발생된다. 손실이 클수록 자신이 원하지 않는 방향으로 크게 움직였던 것이기 때문에 그 방향으로 다시 크게 움직이지 않을 것 같은 생각을 하게 된다. 즉 이미 많이 움직인 방향으로 진입을 한다면 더 이상 그 방향으로 가지 않을 것 같기에 새로운 진입 역시 손실을 당했던 방향으로 진입하게 되는 것이다.

사실 거래에서 손실을 당한다면 거래를 멈추고 새로운 방향이 나올 때까지 기다리는 것이 좋지만 손실 당한 것을 빠르게 복구하고 싶어서 새로운 진입을 빨리 하려고 한다.

선물 거래라는 것이 정말 예민한 상품이기에 포지션이 큰 상태에서 손실을 여러 번 당하게 되면 큰 손실을 당하게 되고 그 여러 번의 손실로 인해 계좌폐쇄를 당하게 된다. 포지션을 오래 가지고 있다는 느낌을 받을 때는 계약수를 줄이는 노력을 하여야 하며 가급적 청산을 하고 새로운 자리에 새롭게 진입하는 것이 좋다.

⑸⑺ 거래하기 좋은 차트들

2016.3.17. S&P500 선물 120분봉 차트

2016.3.18. S&P500선물 일봉 차트

2018.7.3. 큰 변동성의 오일 차트

2015.3.18. 전형적인 차트의 모양

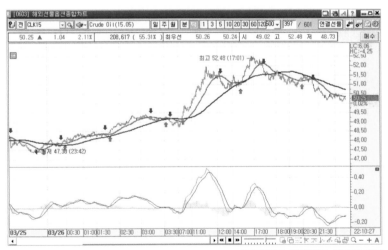

2015.3.26. 전형적인 차트의 모양

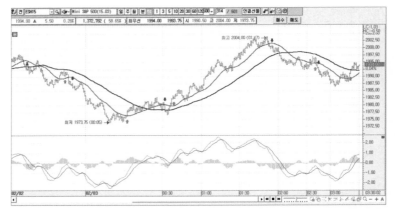

2015.2.3. 전형적인 차트의 모양

실행력

실행력은 거래의 요소 중에 가장 중요한 요소이다. 아는 것과 실행하는 것은 다른 것이다

(1) 아는 것을 실행할 때 힘이 된다

실현가능한 목표치를 설정하고 실행하자.

+13틱, −8틱 또는 +20틱, −10틱

누구나 차트를 봐도 방향을 알려줄 때가 있다.

아무 때나 시장에 있지 말자. 시장에 계속 있다고 돈을 버는 것은 아니다.

하루 한 번 또는 하루 두 번.

언제나 그렇듯이 꼭 돈을 다 잃고 나서 깨달은 것이 있다.

코스피200 지수의 경우 언제나 내가 원하던 방향으로 배팅을 하

면 반대로 가고 돈을 다 까먹어 거래를 하지 못하게 된 후에야 내가 원하던 방향으로 움직인다. 그리고 대부분이 만기가 지난 후에 이렇게 된다. 즉 메이저의 버팀으로 인해 지수의 움직임이 제한이 되고 메이저의 의지로 지수가 움직인다. 따라서 메이저의 포지션을 잘 파악하고 있어야 한다.

실행을 하는 것이 중요하다. 아무것도 하지 않으면서 무언가를 바라서는 안 된다. 많은 시간 동안 기다리고 원하는 때가 오면 실행하자. 수익의 기쁨을 맞이할 수 있을 것이다.

우리가 거래를 하고 있지만 실제로 보이는 것은 매수와 매도로 한정된다. 이러한 매도와 매수 중에 한 가지를 선택하는 결정을 하는 것은 순수하게 거래자의 의지여야 한다. 이러한 결정이 타인의 의지 혹은 언론매체에 의해 결정된다면 그 후의 결과를 승복하지 못하게 된다. 즉 자신의 의지로 결정을 하지 않은 것으로 인해 혼란을 느끼게 되는 것이다.

일관되게 내가 주장하는 것은 나의 의지로 나의 결정이 만들어져야 한다는 것이다. 실행 역시 마찬가지다. 내가 진입하고 싶을 때에 진입하고 내가 청산하고 싶을 때 청산되어야 한다.

(2) 지금이 모든 것을 걸 만큼 중요한 기회인가

나는 거래를 하면서 언제나 되묻는다.
"지금이 내가 모든 것을 걸만큼 중요한 기회인가?"

코스피200 지수에서 개인 투자자의 포지션과 기관계와 금융투자 그리고 외국인의 포지션을 보며 수급을 보고, 120분봉 차트로 추세를 보며 틱봉 차트로 단기적인 신호에 맞추어 거래를 하려고 노력한다. 반대되는 신호가 틱봉에서 나타나면 그것에 대해 고민하고 버틸지 혹은 청산할지에 대해 묻는다. 항상 묻고 대답하기를 여러 번 하며 인내하고 아파한다. 다시 자신의 방향과 같은 방향의 신호가 나오면 안심하고 그렇게 거래에 집중하며 하루를 보낸다.

수많은 기회가 오늘도 지나가고 있다. 언제나 자신의 모든 것을 걸 만큼의 기회를 노리며 그 기회라고 생각되는 때에는 과감히 배팅을 한다.
자신의 모든 것을 걸 만큼의 기회는 몇 번 오지 않을 것이다. 하지만 그러한 기회는 언제나 올 수 있기에 나는 긴장을 늦추지 않는다. 지금 당장 큰 포지션의 변화와 함께 지수가 크게 움직일 수 있는 것을 나는 알고 있기 때문이다.

기회는 늘 온다. 나는 그 기회 중에 가장 좋은 기회라고 생각되는 때에 들어가면 된다. 그리고 나올 때라고 느낄 때 나오면 그뿐이다. 언제나 내가 할 수 있는 것은 매수 혹은 매도 외에는 없기 때문이다.

잠언

(1) 나는 조금씩이라도 변하고 있는가?

변화되지 않고 있다면 스스로를 변화시켜야 한다.

거꾸로 된 삼각형의 가장 하단 끝에 있는 점을 생각해보자. 그 점이 흔들리게 되면 삼각형이 넘어지게 된다. 가장 중요한 역할을 하는 점이다.

거래자에게는 가장 단순히 생각하는 거래의 버릇이 그러한 점의 역할을 하고 있다. 아주 작은 생각의 전환으로 한 거래자에게 큰 변화가 생길 수 있으며 많은 것을 이룰 수 있다.

가장 기본이 되는 것들에 대한 생각을 명확히 할 필요가 있다. 그 기본이 되는 것들에 대한 생각이 흔들리면 거래 역시 흔들리기 마련이다.

(2) 손실 나는 방법을 반복하면서 성공을 기대하는 것은 바보다

거래를 계속하면서 손실이 늘어나고 있다면 거래를 멈추자. 지금의 거래 방법에 틀린 부분이 있기 때문에 손실이 발생되고 있는 것이다. 무언가 거래에 변화를 주어야 한다.

거래라는 것이 실지로는 단순히 사고파는 과정이다. 매수 혹은 매도로 거래는 이루어진다. 혹시 매수할 때가 아닌 때에 매수하고 매도할 때가 아닌 때에 매도한다면 손실은 불가피하다. 특히 추세에 역행하는 모든 거래는 수익을 얻을 수 없다. 혹시 방금 전에 매도로 손실을 보았다면 매수로 진입하라. 추세가 상승이라면 매수로 수익을 얻을 수 있다.

사람들이 선물을 거래하면서 잊어버리는 것이 있다. 선물지수로 5포인트의 하락이 일어나면 큰 하락이라 생각하고 올라갈 것이라고 생각한다는 것이다. 우리가 거래하는 것은 선물옵션이며 5포인트라고 하더라도 기껏해야 개별주로 몇 종목이 크게 하락하고 있었을 뿐이라는 것이다. 아직 다른 개별종목 주식들의 하락은 이루어지지 않았으며 이러한 하락이 만들어진다면 더욱더 큰 지수의 하락이 만들어질 것이다. 고정된 생각을 버리고 단지 조금의 하락만 발생되었다고 생각하고 추세를 따라 거래에 임하자. 특히 지수가 하락을 한다면 꼭 대응만 할 뿐이지 예측해서는 안 될 것이다.

자신의 계좌에 돈이 자꾸 줄어간다면 무언가 거래에 잘못된 것이 있는 것이다. 그 잘못된 것을 확인하지 않고 거래를 계속하는 것은 시장에 자신의 돈을 공급해줄 뿐이다.

일단 거래를 멈추자.

(3) 사람들은 자기가 보고 싶은 것만 본다

주변에 경험 많은 거래자들의 경험담을 우리는 자주 접하게 된다. 대부분 거래에 대한 팁을 많이 제공해주고 있다. 하지만 그러한 이야기가 쉽게 가슴에 와 닿지는 않는다. 이유는 그러한 느낌을 거래하면서 느끼지 못하기 때문이다.

사람은 남이 아무리 말해도 자신이 필요성을 직접 느끼지 않으면 바뀌지 않는다. 습관이 쉽게 바뀌지 않는 것과 동일하다. 남들이 담배가 몸에 좋지 않다고 이야기를 하더라도 끊지 않다가 병원가서 큰 병에 걸렸다는 이야기를 들었을 때 담배를 끊는 것과 같은 이야기다.

자신이 피부로 느꼈을 때 우리는 스스로 변하게 된다. 다만 그러한 변화 전에 큰 손실을 대부분 당한 후라는 것이 안타까울 뿐이다.

오뚝이는 넘어져도 다시 일어선다. 하지만 사람은 그렇지가 못하다. 대부분 몇 번의 큰 손실로 인해 계좌가 폐쇄되면 다시 거래를 하기는 쉽지 않다. 어디선가 계속 자금이 지원되지 않는 한 거의 불가능하다.

많은 경험과 느낌을 알고 있지만 다시 거래를 하려면 자금이 있어야 하고 대부분 자금을 구하지 못해 거래를 중지하게 되는 것이다. 이렇게 되지 않으려면 자신의 자금이 남아 있을 때 거래에서 수익을 얻는 방법을 얻어야 한다.

가장 중요한 것은 손실이 없어야 하는 것이다. 버는 것도 중요하지만 그것은 나중의 문제고 일단은 계좌를 유지하고 있어야 한다. 즉 생존해 있어야 한다.

"자금관리의 핵심은 내일도 거래할 수 있어야 하는 것이고 그 다음날도, 그렇게 계속 거래를 할 수 있게 만들어야 하는 것이다"라는 말을 강조해 왔다. 지금 당장 손실이 계속 발생되고 있다면 자신의 거래 방법을 다르게 변화시켜야 한다. 수많은 거래 경험자들이 이야기하는 말에 귀 기울이고 그들의 경험을 느끼고 자신의 것으로 만들어야 할 것이다.

⑷ 결정은 새로운 시작을 의미한다

어느 누구도 결심만으로 무언가를 얻지 못한다. 하지만 아무런 결심 없이 무언가를 이루는 경우는 드물다.

언제나 작은 결정으로 인해 달라지고 다른 것이 보이는 경우가 많다. 특히 작은 생각의 전환이 나중에 커다란 변화를 만들 수 있음을 잊지 말아야 할 것이다.

sell and hold strategy
(매도 후 홀딩 전략)

주식은 매수와 청산으로 거래가 이루어진다. 이러한 매수 위주의 거래를 헷지하기 위해 선물이라는 상품이 개발이 되었으며 선물의 가장 큰 특징 중에 하나가 매도 후 청산을 할 수 있는 것이다. 매도를 먼저하고 매수를 하여 청산할 수 있다.

주가를 보면 위로 오르기도 하지만 아래로 내려가며 움직이기도 한다. 따라서 추세 상승 중에 수익을 얻을 수 있는 매수와 추세 하락 중에 수익을 얻을 수 있는 매도도 역시 거래에 중요할 수 있다.

여기서는 매도 거래를 할 때 고려해야 할 사항에 대해 적어 보았다.

마지막으로 매도자가 꼭 한 가지는 기억해야 할 것이 있다. 매도는 단기적인 거래에 한정해야 한다는 것이다. 매도 포지션을 오래 가지고 있으면 필패를 경험하게 될 것이다. 물론 추세 하락 중이 아닌 경우를 말한다.

01 ⌇⌇

매도 증거금의
크기

거래를 하다보면 자신이 거래하고 있는 상품에 가장 알맞은 증거금이 얼마정도인지 생각하게 된다. S&P500 선물의 경우 3,000만 원 정도가 맞을 듯하다. 오일 같은 경우 1,000만 원 이상으로 생각하면 좋을 듯하다. 물론 증거금의 크기가 클수록 효율 면에서는 안 좋을 수 있다.

S&P500 선물의 경우 1계약 당 1,000만 원의 증거금으로 거래하는 거래자와 3,000만 원의 증거금을 가지고 거래하는 거래자를 비교해 보자. 9,000만 원의 자본을 가지고 증거금을 쓸 때 1,000만 원의 증거금으로 거래하는 거래자는 9계약, 3,000만 원의 증거금으로 거래하는 거래자는 3계약을 거래하게 된다. 9계약을 거래하는 거래자와 3계약을 거래하는 거래자는 수익과 손실에서 3배의 움직임을 가지게 된다. 1계약 당 100만 원의 수익이 발생된다면 9계약을 거래하는 거래자는 900만 원의 수익, 3계약을 운영하는 거래자는 300만 원의 수익이 발생된다. 똑같이 1계약 당 100만 원의 손실

이 발생되게 된다면 9계약을 거래하는 거래자는 900만 원의 손실, 3계약을 운영하는 거래자는 300만 원의 손실이 발생된다.

내가 거래하면서 항상 생각하는 것이 있다.
"거래는 즐거워야 하며 실생활에 영향을 끼쳐서는 안 된다"는 생각이다.

거래로 얻어지는 기쁨의 크기는 계약수의 크기와는 상관이 없다고 느낀다. 1계약으로 수익을 얻는 기쁨과 3계약으로 수익을 얻는 기쁨의 크기는 거의 동일하게 느껴지는 것 같다. 하지만 1계약의 손실로 인한 아픔과 3계약으로 얻어지는 손실의 크기는 아주 다르게 느껴진다. 따라서 적은 계약수로 자신의 실력을 높이는 노력을 한다면 항상 즐거운 거래를 할 수 있을 것이다. 물론 효율 면에서 1계약 당 3,000만 원의 증거금은 많다고 생각이 들 수 있다.

나는 거래의 수익보다는 생존이 더욱더 중요하다고 생각한다. 거래를 계속할 수 있게 하는 것이 자금관리의 핵심이라 할 수 있다. 1,000만 원 혹은 1,500만 원의 증거금의 크기가 효율 면에서 훌륭하지만 생존할 수 있는지에 대해 생각해보면 조금 무리가 있다.

다음의 차트를 보자.

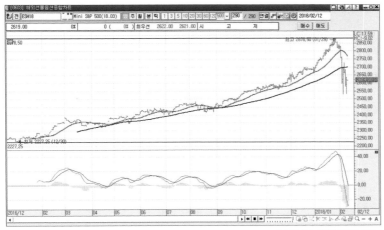

저점인 2227.25에서 2878.5까지 651.25의 상승이었으며 2,605틱
의 오차가 발생되었다. 즉 1계약 당 2,605×$12.5 = $32,562.5의 수
익 혹은 손실이 발생된 것이다.

만일 1,000만 원 혹은 2,000만 원의 증거금으로 거래를 하였다
면 로스컷이 발생되어 계좌 폐쇄를 경험하였을 것이다. 무엇보다도
거래를 계속하여야 한다면 증거금의 크기는 효율적인 것보다는 안
전성에 중점을 두어야 할 것이다.

(1) 계약수는 자신의 욕심의 크기

거래는 온전히 거래자의 손으로 이루어진다. 거래자 중에 한 번에 많은 수익을 얻으려고 하는 거래자는 한 번에 많은 계약수로 진입을 하게 된다. 많이 벌려면 많은 계약수로 진입을 해야 하기 때문이다. 그러나 그렇게 많은 계약수로 거래를 하는 거래자 중에 실지로 많은 수익을 얻는 거래자는 보기 힘들다. 이유는 한 번이나 두 번 정도는 수익을 얻을 수 있지만 계속 큰 계약수로 거래하다 보면 큰 손실을 당하기 마련이고 한두 번의 수익이 단 한 번의 손실로 큰손실로 정산이 되기 때문이다.

적은 계약수로 거래하는 거래자는 오래 거래할 수 있다는 말을 자주 했다.

계약수는 거래자의 욕심의 크기며 거래자가 허용할 수 없는 많은 계약수로 거래하는 거래자는 금방 시장에 퇴출이 되기 마련이다. 욕심을 부린다고 그 욕심의 크기만큼 수익을 얻지 못한다. 오히려 그 욕심으로 인해 큰 손실로 계좌폐쇄를 당하게 된다. 자기에게 맞는 적절한 크기의 계약수를 찾고 그만큼만 거래를 계속해야 할 것이다.

어느 때 매도를
해야 하는가?

　첫 번째로 가장 좋은 매도의 기회는, 지수가 많이 상승한 후 하락이 시작된 것을 확인한 후에 매도하는 것이다. 많이 상승한 후에 파란선 아래에서 매도하는 것은 매도자에게 안정감을 주는 거래라고 할 수 있다.

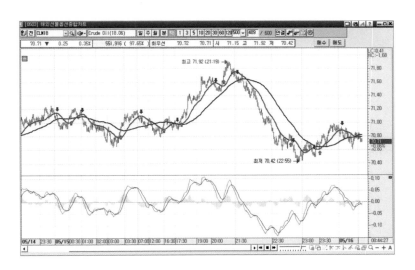

두 번째는 추세 하락 중에 반등 시 매도할 때이다.

한 번 추세가 만들어지면 그 방향으로 계속 진행되는 경우가 많다. 따라서 지수가 하락을 시작한 후에 반등할 때인 파란선(기준선)에 터치할 때 매도하는 것이다. 이렇게 반등 시의 매도는 많은 계약수로 진행할 이유는 없다. 이때는 남들이 다 매수할 때 나는 매도하는 것이기 때문에 적은 계약수로 확인한다는 차원에서 거래해야 한다.

03 어느 때
손절해야 하는가?

   나는 개인적으로 손절을 좋아하지 않는다. 적은 계약수로 거래를 하고 증거금의 크기도 역시 크게 해두어서 손실의 크기가 크게 발생되어도 버틸 수 있게 되어 있기 때문이다. 그러면서 자주 주장하는 것이 근거 있는 거래를 해야 한다는 말이다.

   대부분의 거래자들은 손실이 발생되었을 때 당황하여 추가로 진입을 반복하는 근거 없는 물타기 매매를 한다. 근거 없는 물타기의 특징 중에 하나가 자신이 가지고 있는 현금의 모두를 증거금화 하여 풀배팅하게 한다는 것이다.

   근거 없는 물타기는 차트의 파란선에 새롭게 터치를 할 때 거래를 하는 것이 아니라 감성적으로 계속 추가 진입을 하는 것을 말한다. 하지만 이러한 근거 없는 거래가 아니라 차트에 근거한 거래를 하더라도 큰 상승장에서는 손실이 크게 발생된다면 손절을 해야 할 것이다. 따라서 손실의 크기를 한정할 수 있는 계획적인 손절 역시 필요하다.

손실의 크기를 한정하는 다이아몬드 거래를 살펴보자.

(1) 다이아몬드 거래

S&P500 지수 선물을 예를 들어보자.

2250.00에 매도를 4계약을 하였다면 그림과 같은 모양의 거래를
하여야 할 것이다. 하락을 시작한다면 2210.00부터 20포인트마다
익절을 시작하여 2130.00에 가지고 있던 모든 것을 청산하며 마무
리하게 될 것이다.

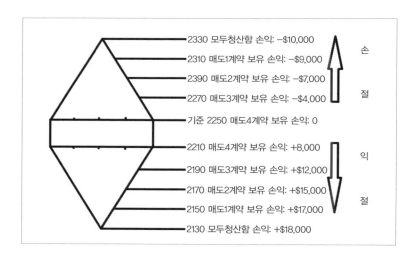

반대로 상승한다면 20포인트마다 손절을 해 2330.00에 가지고

있던 것을 다 청산하게 될 것이다.

(2) 진입한 후에 손실 발생 시 확인할 포지션의 크기

첫 번째 삼각형의 방법으로 15계약을 운영하고 있는 거래자가 처음 5계약으로 매도했을 때 지수가 상승할수록 추가 진입을 한다면 위로 갈수록 평균단가를 올리는 것이 힘들 것이다.

두 번째 사각형의 그림을 보면 최초의 진입을 3계약을 하고 나서 계속 추가 진입을 한다고 하더라도 평균단가를 첫 번째보다 위로 높게 형성이 될 것이다.

세 번째 삼각형의 경우 처음 1계약으로 매도한 거래자가 지수가 올라가면 갈수록 평균단가는 첫 번째와 두 번째보다 높게 형성이 될 것이다.

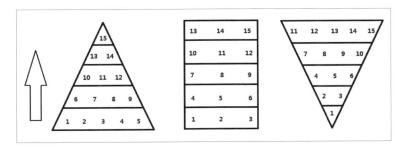

이렇게 예를 든 것은 최초 매도 진입한 계약수의 크기가 중요하다는 것을 말하기 위해서다. 자신이 운영할 수 있는 계약수와 최초에 진입을 한 계약수의 크기에 따라 손실을 효율적으로 방어할 수 있는가를 알려준다. 두 번째 그리고 세 번째의 방법으로 거래해 손실이 발생되었을 때 큰 문제가 발생되지 않게 정리할 수 있는 방법이다.

처음에 진입한 후에 손실이 발생되었다면 지금 포지션 잡은 크기를 먼저 생각하여 최소한 4번 이상 진입할 수 있게 계약수를 줄여야 할 것이다. 진입을 잘못하여 손실을 당할 수 있다. 하지만 전체적인 자금관리를 잘못해서 실패를 해서는 안 될 것이다.

04 주가지수는 결국에는 상승하게 되어있다

매도자들이 꼭 생각하고 있어야 하는 것이 있다.

"주가지수는 상승하게 되어있다"

이 하나의 문장을 잊어버린 매도자에게 시장은 가혹한 아픔을 준다.

KOSPI200 종목을 살펴보면 가장 우량한 종목만 있고 혹시 나빠진 종목이 있으면 빼고 좋은 종목을 넣어서 유지한다. 따라서 항상 좋은 상태를 유지하는 종목만 모여 있게 되며 이러한 회사들의 주식 가치는 높아질 수밖에 없다. 단기적인 하락은 있을 수 있지만 장기적인 하락은 있을 수 없다.

매도자들은 단기적인 하락에 배팅을 하는 사람이다. 매도를 하면서도 지수의 상승에 대한 생각을 꾸준히 하여야 하며 결국에는 모두 청산을 해야 하는 시점이 온다는 것이다. 결국에는 모든 계약수를 청산할 시점이 존재하며 이러한 청산의 기회를 놓치면 큰 손실이 발생될 수 있음을 꼭 기억해야 한다.

예를 들어 120분봉 차트나 일봉 차트에서 파란선(기준선)을 상향 돌파한다면 가지고 있던 매도 포지션을 전량 청산하면 된다.

미국의 S&P500 지수 선물 역시 마찬가지일 것이다. 매도자들은 청산의 기회가 왔을 때 청산을 다 하여야 하며 쉬고 싶다면 다 청산하고 쉬는 것이 좋을 것이다.

보통 때 주가지수는 상승하기 마련이다.

05 〽 특별한 일이 있어야
하락한다

위의 4에서 이야기를 했지만 보통 때 주가지수는 횡보 또는 상승을 한다. 주가지수가 하락을 하기 위해서는 특별한 일(사건)이 있어야 한다. 특별한 일이 발생되지 않았는데 매도를 오랫동안 가지고 있는 경우 손실이 커질 가능성이 많다.

예를 들어 금리인상, 나스닥 혹은 다우지수가 1% 이상의 하락이 연 이틀에 걸쳐서 발생될 때, 국가 신용등급하락 등등.

06 〰 이름은 거래지만
실지로는 자금관리였다

   우리가 행하고 있는 거래는 사거나 파는 것이지만 실지로는 몇 번에 걸쳐 자금을 집행할 것인가를 정하는 자금관리를 하는 것이다. 즉 얼마의 크기로 나누고, 몇 번에 걸쳐 거래를 진행할지를 정하여 집행할 것인가를 행하는 자금관리인 것이다. 따라서 자금관리를 잘 못하여 거래를 계속하지 못하게 되었다면 이미 시장에서 진 것이다. 계속 거래를 할 수 있게 유지하는 방법을 찾고 그렇게 거래를 계속할 수 있게 하여야 한다.

   차트에 현혹되어 어느 사이엔가 자신도 모르게 풀배팅이 되었다면 자금 계획이 없었던 것이고 손실이 나는 것은 당연한 것이다. 처음부터 거래를 생각할 것이 아니라 자금 관리부터 세우고 거래를 시작해야 하는 것이다.

07 언젠가는 청산해야 한다

탐욕!

나는 매도자다.

계속 매도하다가 어느 순간엔가 멈추어야 한다.
그 멈추는 순간이 수익 혹은 손실을 결정한다.

계속해서 하락하지는 못한다.
언젠가는 하락을 멈추고 상승을 시작한다.

그 상승의 순간을 알고 멈추면 수익으로 마감하지만, 그 상승의 순간을 모르고 넘어가면 손실로 마감할 가능성이 많다. 따라서 언제 멈추는 것이 좋은가를 항상 생각하며 거래해야 한다.

어쩌면 그것은 탐욕의 수렁에서 스스로 나와야 함을 의미하는 것이다.

거래자들은 항상 수익을 염원하고 있다. 특히 거래를 하면서 손실을 당하고 있는 거래자의 경우 더더욱 수익을 얻기를 희망한다. 그러나 그 수익이라는 것이 한도가 정해져 있는 것을 알아야 할 것이다. 이번 한 번의 거래를 통하여 한 계약 당 수익이 1억이 될 수 없음을 알아야 하는 것이다.

작은 거래를 통한 수익의 총합이 1억이 될 수는 있어도 지금 당장의 거래를 통하여, 오늘 이 한 번의 거래를 통하여 1억을 벌수 없는 것이다.

거의 모든 거래자들은 이번 한 번을 통해 1억을 얻을 것처럼 생각하며 자신이 가지고 있는 현재의 수익에 만족하지 못하고 꼭 움켜쥐고 있다. 그러다가 수익이 손실로 변하고 자신이 견딜 수 없을 만큼의 손실이 발생되면 그때서야 청산을 한다.

거래기간이 너무 짧아서는 안 되지만 너무 길어서도 안 된다. 적절한 수준에서 수익을 마감해야 한다.

거래를 하기 전에 이번의 거래를 통하여 얼마 정도의 수익에 만족해야 하는지 생각하고 진입하면 좋다.

08 〽 120분봉 차트에서 파란선 위에 올라가면 매도는 거래 중지 또는 일부 청산해야 한다

계속 주장하지만 매도를 할 때가 있고 매도를 하지 않을 때가 있다. 큰 차트 중에 120분 봉차트에서 파란선 위로 올라오면 그때 매도는 멈추거나 일부 청산을 해야 한다. 물론 단타는 매수와 청산을 반복해야 한다.

거래를 잘하는 거래자는 자신이 원하는 방향과 반대로 지수가 움직일 때 손실을 최소화할 수 있는 거래자다. 자신이 원하는 방향으로 지수가 움직이면 당연히 수익을 얻는다.

고수와 하수를 구분하는 방법은 지수의 움직임이 거래자가 원하는 방향과 반대로 움직일 때 어떻게 거래를 하는지를 보면 알 수 있다.

PART 3

주식과 같이하는
선물 거래

주가지수 선물은 태생적으로 주식을 헷지하기 위해 만들어진 상품이다.

주식을 보유한 거래자가 특별한 사건 혹은 이슈로 인해 자신이 가지고 있는 종목의 대부분이 하락할 것이라고 생각되었다고 해보자. 선물이 있다면 그 하락을 방어하기 위해 가지고 있는 규모만큼 그 종목을 포함하고 있는 선물을 매도하면 된다. 즉 그 주식을 매도하지 않더라도 하락의 위험을 회피할 수 있게 만들어진 상품이다.

주식만을 거래했던 거래자가 국내지수 선물을 거래하려면 증권사에 가서 선물 계좌를 만들어야 한다.

선물거래(변동성선물제외, 옵션매수포함)를 하려면 개인 투자자는 1단계로 기본 3,000만 원 예탁금으로 의무교육 20시간, 모의거래 50시간이 필요하다. 만일 옵션매도(전체 선물옵션)까지 하고 싶으면 2단계로 5,000만 원의 기본 예탁금과 의무시간 10시간, 1단계 거래 경험, 파생상품 계좌 개설일로부터 1년 이상 경과되어야 한다.

우리는 선물 거래를 하면 되기에 1단계만 이수하면 될 것이다.

많은 선물 거래자의 대부분은 단기적인 수익을 위해 현금을 가지고 선물을 거래하여 왔다. 여기서는 개별 종목의 주식을 매수하고 그 종목을 대용증권으로 설정해서 이것을 선물의 증거금으로 활용해보자.

그 주식이 대용증권으로 설정이 되면 액면가의 70% 정도의 금액이 선물 증거금으로 설정되며 그 증거금으로 선물을 거래할 수 있다. (한국 주식의 경우)

가지고 있는 종목이 배당을 4%정도 하는 종목이면 선물을 거래해서 수익을 얻는 것 외에도 주식배당 수익을 얻을 수 있는 장점이 있다. 물론 가지고 있는 종목의 가격이 상승하면 수익률은 더욱 상승할 것이며 대박도 가능할 것이다.

선물, 옵션을 거래하는 거래자는 자신이 보유한 주식을 자주 거래하려고 하지 않는다. 따라서 주가지수 선물 거래자에게 알맞은 종목이 무엇인가 하는 것과 그 종목으로 대용을 잡아 증거금으로 설정하는 것을 살펴보자.

편입 종목 선정은 각각의 거래자마다 선호하는 종목 선정의 이유가 있을 것이나 여기서는 대략적으로 간단히 살펴보자.

이 책은 유안타증권의 HTS를 활용하여 만들어졌다. 유안타증권의 경우 지점창구에서는 제휴업체 안에 '월드에프엔에이치 추장'으로, 비대면으로는 투자 유치자를 전문가 그룹 안에 '월드에프엔에이치 추장'으로 등록하면 누구나 해외선물의 수수료를 3불로 거래할 수 있으니 비싼 수수료로 거래하는 거래자라면 활용하기 바란다. 물론 주식과 국내지수 선물도 등록이 가능하다.

기타 문의 사항이 있으면 아프리카TV가 운영하고 있는 프리켑에서 '추장'으로 장중 생방송을 하고 있고 네이버카페 '탑선물옵션'과 '주식과 같이하는 선물거래'에서 매니저를 하고 있으니 세 군데로 문의하면 된다.

01 　　　　　　　　　대용증권이란?

■ **대용증권**Substitute Securities, 代用證券

　유가증권의 활용도를 높이고 용이한 유통을 위하여 별도로 지정한 유가증권이다. 그 종류는 자본시장 육성에 관한 법률 제21조에 의하여 증권거래소에 상장되어 있는 주권으로서 거래소가 지정하는 것과 증권거래소에 상장되어 있는 채권으로 국채·지방채·특수채 및 주권상장법인 발행 회사채 중에서 거래소가 지정하는 것이다.

　증권을 사고 팔 때의 위탁증거금, 신용거래 시의 신용거래보증금으로 사용되며 그 외에 각종 보증금과 공탁금으로 사용된다. 대용증권의 가격은 그 증권의 액면 또는 시가에 대하여 증거금證據金으로 인정되는 가격을 의미하므로 그 증권의 시가보다 20~30% 정도 저율低率로 책정되는 것이 일반적이다. [네이버 지식백과] 대용증권 [substitute securities, 代用證券] (두산백과)

대용증권 설정과
해제 방법

(1) 선물, 옵션, 증거금이 가능한 종목 찾기

선물옵션 거래자가 주식을 매수하는 이유는 증거금으로 활용하면서 시세차익과 배당수익 등의 이익을 위해서다. 매수하는 종목이 증거금으로 활용되지 않는다면 매수할 필요가 없을 것이다.

다시 한 번 대용증권을 살펴보면,

증권시장에서 위탁증거금, 신용거래 보증금 및 기타 보증금을 거래소에 납입할 때 현금을 대신할 수 있는 유가증권. 그러나 모든 유가증권을 현금 대신 인정해주는 것은 아니다. 현행 규정상 대용증권으로 인정받는 유가증권은,

① 증권거래소와 장외시장에 상장된 후 1개월이 경과하고 과거 3개월간 월평균 거래실적이 상장주식 수의 0.1% 이상인 주권, 또는 1개월 미만 시 총 거래량이 상장주식 수의 0.1% 이상인 주권

② 이미 지정된 주권의 신주

③ 투신사 수익증권

④ 국채 및 지방채

⑤ 특별법에 의해 설립된 법인의 채권

등으로, 이 가운데 감리 종목으로 지정되거나 증권협회의 매매 거래 정지 종목 등은 대용증권으로 인정받지 못한다.

대용가격이란 대용증권의 가치를 평가한 금액으로 주식이나 채권의 기준시세에 일정 비율을 곱해서 구한다. 증권거래소는 대용가격을 매달 초 산정해 1개월간 적용하고 있으며 권리락, 배당락, 일정 기준 이상의 시세변동 등에 따라 수시로 대용가격을 변경, 대용증권의 담보가치가 제대로 반영되도록 하고 있다. [네이버 지식백과] 대용증권 (매일경제, 매경닷컴)

특히나 종목을 고르다 보면 증100%라는 것을 보게 되는데 이것은 증거금 100%를 요구하는 것으로 대용가가 책정되었다고 하더라도 대용증권으로 증거금이 잡히지 않는다. 이러한 종목은 편입해서는 선물 증거금으로 활용할 수 없으니 편입하면 안 된다.

그림을 통해서 증거금 100%를 확인해 보자.

부광약품의 경우 증거금 50%로 대용가를 증거금으로 사용할 수 있다.

(2) 대용증권 설정하기

▪ 연계계좌 지정하기

유안타증권의 화면열기에서 7902를 입력하면 선물계좌와 위탁계좌를 연계계좌로 지정하는 창이 열린다. (다른 증권사는 대용증권 계좌 지정 방법을 콜센터에 문의하면 된다)

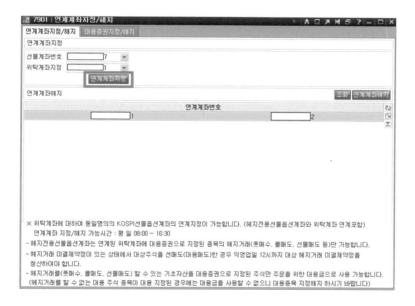

이곳에서 연결계좌 지정을 하면 된다.

연결계좌 지정된 것을 확인할 수 있다.

(3) 대용증권 지정

연계계좌가 지정이 되면 대용증권 지정을 할 수 있다. 대용증권 지정/해지 창에서 지정을 클릭하면 지정 수량을 입력하는 창이 열리는데 수량을 입력하면 대용증권이 설정된다.

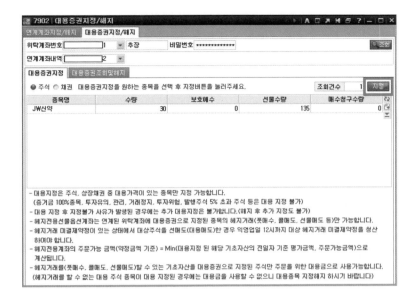

설정 전에 매도 가능 수량 30개를 확인 후 설정에서 30개를 대용증권으로 지정하자.

종목명	평균가	현재가	전일대비		잔고	매도가능	매입가액	현재가액	평가손익	수익률
K마크로젠	40,914	39,400	▼	50	25	0	941,033	906,200	−34,833	−3.70%
K정상제이엘	7,503	7,350	▲	70	155	0	1,163,013	1,139,250	−23,763	−2.04%
KJW신약	9,481	8,680	▼	200	165	30	1,564,311	1,432,200	−132,111	−8.45%
K인피니트헬	9,355	7,320	▼	250	114	0	1,066,493	834,480	−232,013	−21.75%
K씨젠	35,775	31,150	▼	1,250	30	0	1,073,244	934,500	−138,744	−12.93%
GKL	27,371	28,100	▲	350	74	0	2,025,485	2,079,400	+53,915	+2.66%

대용증권 설정 후에 살펴보자.

종목명	평균가	현재가	전일대비		잔고	매도가능	매입가액	현재가액	평가손익	수익률
K마크로젠	40,914	39,400	▼	50	25	0	941,033	906,200	-34,833	-3.70%
K정상제이엘	7,503	7,350	▲	70	155	0	1,163,013	1,139,250	-23,763	-2.04%
KJW신약	9,481	8,680	▼	200	165	0	1,564,311	1,432,200	-132,111	-8.45%
K인피니트헬	9,355	7,320	▼	250	114	0	1,066,493	834,480	-232,013	-21.75%
K씨젠	35,775	31,150	▼	1,250	30	0	1,073,244	934,500	-138,744	-12.93%
GKL	27,371	28,100	▲	350	74	0	2,025,485	2,079,400	+53,915	+2.66%

설정된 것을 확인할 수 있다.

마지막으로 예탁대용으로 잡혀있는 증거금을 확인한다.

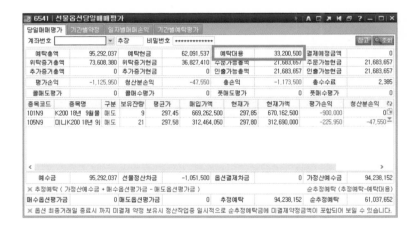

03 주가지수 선물 거래자에게 알맞은 주식

(1) 매출액 1,000억 이상

매출액이 1000억이 안되더라도 안정적인 수익을 얻고 있는 상장 기업이라면 상관이 없겠지만 그래도 어느 정도의 매출액이 발생되는 기업이어야 한다. 매출액이 1000억이 발생되는 기업이 갑자기 망하는 경우는 거의 없을 것이다.

상장기업 중에 연간 매출액이 100억도 되지 않는 기업들이 간혹 있다. 요즘 큰 식당들도 1년에 100억 정도 매상을 가지고 있는 곳도 많다. 직원 8명에 연간 매출액이 50억 정도라면 언제든 없어질 수 있는 기업일 수 있다. 상장되어 있는 기업이 1000억 이하의 매출을 올린다면 그러한 기업에는 투자하기가 꺼려지는 게 당연할 것이다.

(2) 유보율

■ **유보율**reserve ratio, 留保率

기업의 이익잉여금(영업활동 등의 이익창출 활동을 통해 획득한 이익)과 자본잉여금(자본거래에 의해 획득한 이익)을 합한 전체 잉여금을 납입자본금으로 나눈 비율이다. 즉 유보율=(이익잉여금+자본잉여금)/납입자본금×100이다.

유보율이 증가하려면 잉여금이 증가하거나 납입자본금이 감소해야 하는데 납입자본금은 감자減資가 이루어지지 않는 한 일정 상태를 유지하기 때문에 유보율은 대체로 잉여금(현금성자산, 유·무형자산, 재고자산 등)의 변화에 따라 증가하거나 감소하게 된다.

유보율은 한마디로 기업이 벌어들인 이익금을 사외로 유출시키지 않고 얼마나 사내에 축적해두고 있는지를 나타내는 지표로, 유보율이 높다는 것은 과거의 경영성과로 인해 기업의 재무구조가 탄탄하다는 것을 의미한다. 다시 말해 기업이 확보하고 있는 자금이 많기 때문에 신규투자를 하더라도 외부 시장에서 자금을 조달할 필요가 없고, 불황에 대한 적응력도 높다. [네이버 지식백과] 유보율 [reserve ratio, 留保率] (두산백과)

유보율이 높은 종목 위주로 편입하면 좋다. 참고로 2017년 9월 기준으로 삼성전자는 23,266.64, SK하이닉스는 765.82, 셀트리온은 1,829.34, 현대차는 4,653.58, POSCO는 9,292.03, 네이버는 34,756.67, LG화학은 4,069.71, 삼성물산은 127,242.50이다.

유보율은 자본금을 기준으로 만들어지기에 오래된 회사의 자본금이 작게 나와 유보율이 크게 나오는 착오를 만들 수 있으니 주의해서 보아야 할 것이다.

(3) 배당주

이름을 특정하지는 않겠지만 어떤 종목은 사업을 통해 1년 동안 200억 정도의 수익을 얻고 그 돈으로 200억 정도 되는 사업체를 매수하고는 1년 동안 망하게 한다. 벌써 4번에 걸쳐서 그렇게 했다.

주가는 20,000원에서 10,000원 사이를 2년 동안 반복적으로 움직인다. 개인 투자자들이 대표이사에게 다른 회사를 매수하지 말라는 투서를 보내도 똑같은 행동을 반복하고 있다. 이렇게 망할 회사를 매수하지 않고 배당을 했다면 훨씬 좋을 것이다.

어떤 상장회사는 배당을 잘하고, 어떤 상장회사는 배당을 전혀하지 않는다. 배당은 상장회사에서 주주들의 지분을 인정하는 행위고 배당은 회사의 수익을 주주들과 공유하는 행위다.

종목을 선택할 때 소액주주들의 투자에 대해 고맙게 생각하는 회사가 있고 그렇지 않은 회사가 있다면 어떤 회사를 선택해야 할까?

고배당주를 살펴보자.

– 2018.3/21 종가기준, 12월 결산법인

번호	종목명	배당(원)			순이익(억원)		
		주당배당금	주가	배당률	2016	2017	전년비
1	천일고속	15,300	90,700	16.9%	25	271	985%
2	KPX홀딩스	3,850	63,500	6.1%	534	612	14%
3	휴켐스	1,500	25,000	6.0%	399	1,101	176%
4	정상제이엘에스	430	7,440	5.8%	73	82	13%
5	화성산업	890	15,500	5.7%	337	446	33%
6	아이엔지생명	2,400	44,400	5.4%	2,407	3,402	41%
7	메리츠화재	1,140	21,650	5.3%	2,372	3,846	62%
8	골프존	2,400	45,900	5.2%	365	792	117%
9	쌍용양회	1,070	21,200	5.0%	1,751	3,012	72%
10	피제이메탈	5,100	1,985	5.0%	24	54	124%
11	S-Oil	5,900	117,500	5.0%	12,054	12,465	3%
12	유니온	200	4,025	5.0%	2	19	921%
13	동양생명	360	7,350	4.9%	148	1,900	1,185%
14	극동유화	160	3,305	4.8%	140	151	8%
15	경농	295	6,210	4.8%	64	101	58%

* 순이익은 전체 순이익 기준(잠정실적 포함)
** 주당배당금은 2017년 연간 현금배당금

【표】이익 성장한 고배당주 15선 – 3월 3주(자료: 아이투자)

물론 특별한 이유로 10년 동안 한 번만 배당하는 종목을 배제하고 매년 배당을 하는 종목 위주로 편입을 하면 좋다.

(4) 자산운용사 편입 종목

당연한 이야기지만 자산운용사들이 편입하고 싶어 하는 종목을 선택하면 종목을 잘못 선택하는 일은 별로 없을 것이다.

예를 들어 A라는 종목과 B라는 종목의 주가와 수익률이 비슷할 때 A종목을 편입한 자산운용사가 10개, B종목을 편입한 자산운용사가 2개라면 A종목을 편입하는 것이 좋다.

자산운용사가 종목을 편입할 때 각각의 운용사마다 까다롭게 선정 요건을 만든다. 편입했는데 손실이 발생되면 안 되기 때문이다. 우리는 이렇게 알아서 조사를 해서 편입한 자산운용사를 보며 그것을 활용하여 자산운용사가 많이 편입한 종목을 선택하면 된다.

(5) 국가정책 관련주

대통령 선거 때 발표하는 정책의 방향이 정해지면 거기에 맞는 종목이 생기기 마련이다. 이러한 대통령의 공약 사항은 임기 중에 실행된다.

예를 들면

대통령	정책	수혜주
노태우	200만호 주택건설	건설주
김영삼	규제완화	중소형주
김대중	벤처사업 육성	벤처주
이명박	4대강	건설주
박근혜	창조경제	코스닥 성장주

이렇게 각각의 대통령이 추구하는 방향이 달랐으며 개별 종목의 수익에도 영향을 준다.

O4 주식을
사지 말아야 할 때

종합주가지수가 하락할 것이라고 생각되는 때에는 개별 종목을 매수하지 않는다. 지수가 하락할 것이라는 기준은 코스피200 지수 선물이 120분봉 차트에서 파란선(기준선)을 하향 이탈한 후이거나 일봉 차트에서 파란선 아래로 내려간 후부터이다.

다시 코스피200 지수가 파란선(기준선)을 상향 돌파할 때부터는 매수해도 된다. 거래자마다 각각의 기준이 존재하기 마련인데 일봉, 주봉 기준으로 해도 된다.

아무리 개별종목의 순이익이 상승하고 매출이 급성장하고 있다고 하더라도 전체 시장이 하락하면 개별 종목 역시 따라서 하락하게 된다. 가끔가다 예외는 존재하기 마련이지만 그 작은 예외가 될 것이라는 생각으로 개별종목을 매수하기에는 무리가 있다.

시장은 상승과 하락을 반복하며 움직인다. 시장의 확장국면이 마무리되고 하락 추세가 만들어진다는 것을 느낀다면 굳이 개별 종목을 매수할 필요는 없을 것이다.

05 대박은 주식에서

　많은 사람들이 선물과 옵션에서 대박을 얻으려고 하지만 실지로 선물과 옵션에서 대박을 얻는 거래자들은 극히 드물다. 가끔 몇백 % 혹은 몇천 %의 수익을 얻었다는 뉴스가 나오곤 하지만 그러한 사실이 뉴스에 나오는 이유는 그 정도로 드문 사례이기 때문이다.

　선물의 경우 방향이 맞아야 하며 많은 계약수를 가지고 있을 때 아주 크게 움직여야 큰 수익을 얻을 수 있으며, 옵션의 경우는 방향과 시기와 많은 계약수까지 보유하고 있는 상태에서 크게 움직여야 큰 수익을 얻을 수 있다. 하지만 주식은 많이 보유한 상태에서 매수한 가격보다 많이 오르면 된다. 즉 가치 있고, 성장하고, 망하지 않을 종목을 계속 매수하고 기다리다가 가격이 오르면 대박이 이루어지는 것이다.

　예를 들어 카페24는 2017년 1월 5일에 주당 6,223원이었지만 2018년 7월 6일에 204,600원으로 상승하여, 1,000주를 매수했다면 주식 가격은 6,223,000원에서 2018년7월 6일에는 204,600,000

원이 되었을 것이다.

삼성전자는 1998년 9월 1일에 624원이었지만 2017년 11월 1일에
주당 57,520원으로 상승하여, 1000주를 매수했으면 주식 가격은
624,000원에서 57,520,000원이 되었을 것이다.

하나투어 역시 2000년 12월 1일에 1,107원이었지만 2015년 7
월 1일에 205,000원으로 1,000주를 매수했을 경우 주식 가격은
1,107,000원에서 2015년 7월 1일에 205,000,000원이 되었을 것이다.
이렇게 주식은 대박의 기회를 제공해준다. 선물이나 해외선물에
큰 관심을 두기 보다는 주식(종목)에 더욱 관심을 가져야 하는 이유
다. 선물과 옵션 그리고 해외선물로는 하루하루 수익을 얻어내고
그 수익을 가지고 가치 있는 주식을 계속 매수해 나가야 대박을 얻
을 수 있다.

PART 4

시장과 상관없이
항상 승리하는 거래

01 ∿

생존에 필요한
적은 계약수의 거래

시장과 상관없이 항상 수익을 얻으려면 시장의 상승 혹은 하락에 영향을 받지 않아야 한다. 시장의 영향을 받지 않는다는 것은 있을 수 없겠지만 받더라도 적게 영향을 받아야 한다는 것이다.

시장의 움직임보다는 자신의 계좌수익률의 움직임에 초점을 맞추어보자. 거래자들이 가장 힘들어 하는 것은 큰 손실이다. 큰 손실이 없다면 거래자들은 즐겁게 거래를 계속할 수 있을 것이다. 계좌수익률에서 큰 손실을 배제한다면 계좌를 계속 유지해 나갈 수 있다. 큰 손실로 인해 계좌폐쇄당할 일을 만들지 않으면 된다.

막연하게 많이 벌어야 한다는 생각보다는 한 달에 얼마의 금액을 벌 것인가를 생각해보자. 한 달에 통상적으로 700만 원의 수익을 원한다고 해보자. 거래는 코스피200 지수 선물, 오일 선물로 거래를 한다고 하면 코스피200 선물로 300만 원, 오일 선물로 400만원의 수익을 목표로 계획을 세워보자.

예를 들어 2018년 5월의 움직임을 보자. 323.00~313.00 사이에 움직이고 있다. 간격이 10포인트이다. 10포인트의 반인 5포인트 정도의 수익을 얻을 수 있다고 생각하면 선물 3계약으로 4포인트의 움직임으로 300만 원의 수익이 가능하다. 또한 선물 2계약으로 6포인트의 움직임으로, 선물 4계약으로 3포인트의 움직임으로 역시 300만 원의 수익이 가능하다.

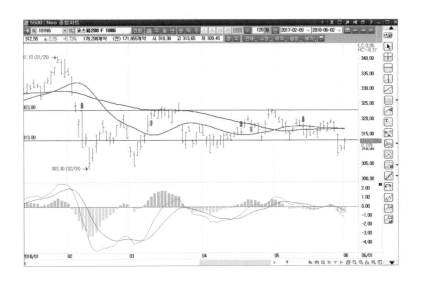

엄청나게 많은 계약수로 거래를 할 필요 없이 2계약 혹은 3계약으로도 300만 원의 수익이 가능한 것이다. 많은 계약수가 필요 없다.

오일로 400만 원의 수익을 얻으려면 몇 계약으로 가능한지 살펴보자.

최고점 72.90~65.84의 범위 내에 있으며 7.06 정도의 반인 3.53 수익이 가능할 것으로 생각했을 때 400만 원의 수익을 얻으려고 하면 1계약×$3.53×1,100원 = 3,883,000원으로 1계약으로 거래를 했을 때 약 400만 원 정도의 수익이 가능할 것이다. 즉 한 달에 700만 원 정도의 수익을 얻기를 희망하는 거래자라면 코스피200 지수 선물 2~3계약, 오일 선물 1계약 정도의 움직임으로 가능하다는 것을 알 수 있다.

막연한 수익을 희망하기보다는 내가 얼마의 수익을 원하는지 생각해 보아야 한다. 그리고 그 수익을 위해 몇 계약수로 거래를 해야 하는지를 아는 것이 중요하다.

　거꾸로 700만 원의 손실을 당하려면 몇 계약을 가지고 있으면 가능한지를 확인한 것이다.

　선물을 거래하는 대부분의 거래자들은 수익에 대한 욕심으로 많은 계약수로 거래를 한다. 얼마만큼의 위험에 노출되어 있는지는 생각하지 않는다. 생각하지 않았던 큰 손실을 당하고 나서야 위험의 크기에 놀라며 후회한다.

　자신의 계좌수익률 혹은 손실률을 자신의 의지로 확정할 수 있다면 자신이 허용할 수 있는 범위에서 정할 수 있다. 큰 손실의 가능성을 배제할 수 있게 되는 것이다.

수익의 크기와 손실의 크기를 스스로 확정할 수 있다. 시세의 변화가 크게 나는 종목에서 적은 계약수로 거래해 보면 좋은 점을 확연하게 느낄 수 있다. 손절을 생각하지 않고 거래할 수 있다.

예를 들어 5~10계약을 운영할 수 있는 거래자가 1계약 혹은 2계약으로 시장에 진입을 했는데 예상과 다르게 자신의 방향과 반대로 움직이더라도 크게 걱정할 일이 없다. 반대 방향으로 많이 움직인 후에 자신의 방향으로 움직이기 시작할 때 추가로 진입을 하면 된다. 오히려 많이 움직인 만큼 더 수익을 주는 결과를 낳기도 한다. 적은 계약수로 거래할 때의 좋은 점은 지수가 원하는 방향의 반대 방향으로 움직이더라도 추가 진입을 통해 수익을 얻을 수 있는 것이다.

한 번에 많은 계약수로 진입을 하고 지수가 원하던 방향과 반대로 움직일 때 어떻게 할지 몰라 당황하지 않을 수 있는 것이다.

거래는 자금의 집행이다. 자신의 자금 계획에 맞게 계약수를 몇 조각을 만들고 자신이 생각한 순서에 맞게 한 조각씩 집행하면 된다.

대부분 5번 이상 진입을 할 수 있게 만들어 두어야 한다. 만일 더 이상 자금이 없어 진입을 해야 할 때 진입을 하지 못한다면 자금 계획에서 실패한 것이다.

적은 계약수로 거래를 하는 것은 생존을 위해서다. 계좌폐쇄를 당하지 않으려고 적은 계약수로 하는 것이다.

방향이 틀린 것은 용서가 되도 자금 계획에서 실패하면 안 된다. 자금이 없다는 것은 계좌폐쇄를 말하는 것이기 때문이다.

욕심을 버려야 한다.

최소한 5번 이상의 조각을 생각하여야 한다. 처음 진입할 때 계약수가 중요하다. 그 계약수의 크기 이상으로 추가 진입을 해야 하기 때문이다. 추가 진입을 한다는 것은 손실을 당하고 있다는 것이고 상당히 신중하게 고민해야 한다. 추가 진입 했는데 방향이 틀리면 손실의 크기를 2배로 만드는 방법이다. 어지간한 이유가 발견되지 않는다면 해서는 안 될 거래다.

가급적 큰 차트를 보면서 거래하는 것이 좋다. 30분봉 차트 혹은 120분봉 차트, 일봉 차트 등등. 스스로 정한 기준선(20일선, 60일선 등등)을 기준으로 거래하는 것이 좋다.

기준선 아래에서는 매도와 청산을, 기준선 위에서는 매수와 청산을 해야 한다. 기준선 아래에서 첫 거래를 매도로 진입을 했다면 기준선 위로 올라갈 때 가만히 있거나 비중을 줄여야 한다. 그러다가 한참을 위로 가다가 기준선 아래로 진입 시 추가 매도하면 된다. (물론 이 격이 20틱 이상 벌어져야 할 것이다) 평균 단가에서 비중을 줄이고 다시 수익을 기대하면 된다.

적은 계약수로 거래를 시작하면 이러한 거래가 가능하다. 무려 5번의 추가 진입을 할 수 있게 만드는 것이 중요하다.

만일 추세가 바뀌면 전량 청산하는 것이 좋다.

적은 계약수의 좋은 점은 주변을 둘러보게 해주며 생각을 자유롭게 해준다는 것이다.

우리는 거래하기 전에 차트를 보게 된다. 차트를 보며 진입의 기회를 보게 된다. 그리고 진입을 한 후에도 차트를 보아야 한다. 왜냐하면 추세가 변화되면 거기에 맞게 대응을 해야 하기 때문이다.

한 번에 많은 계약수로 하는 거래의 문제점은 시장의 변화에 적절히 대응하지 못하게 한다는 것이다.

예를 들어 하루에 보통 50만 원 정도 계좌 수익률의 변동 폭을 가지고 있는 거래자가 많은 계약수로 시장에 진입했다고 생각해보

자. 많은 계약수로 진입했는데 손실액이 2,000만 원이 발생되었을 때 그 손실을 감내하며 손절하기는 쉽지 않다. 추세가 바뀌었는데 차트를 보지 못하고 호가창의 손실액만 눈에 가득하게 보이게 한다. 변화에 맞추어 대응을 불가능하게 한다.

만일 적은 계약수로 시장에 진입하고 손실액이 30만 원이 발생되었는데 추세가 바뀐 것을 확인했다면 그 추세에 맞게 손절을 하게 된다. 손실액의 크기가 보통 하루 수익의 정도라면 손절을 망설일 이유가 없기 때문이다. 또한 그러한 손실이 발생되더라도 추세가 바뀌지 않았다고 생각이 든다면 버틸 수 있는 힘을 가지게 된다. 손실액이 자신이 허용할 수 있는 범위 내이기 때문이다.

손실액이 크지 않다는 것은 조금 더 상황을 살펴볼 시간을 얻는 것이고 추세의 전환이 확실해지는 순간까지 버틸 수 있게 한다.

적은 거래 계약수의 가장 좋은 점은 차트를 잘 볼 수 있게 하며 이것은 보다 더 좋은 거래의 기회를 얻는다는 것을 의미한다.

거래를 어느 정도 한 거래자의 경우 자신이 어떤 때 들어가야 승률이 높은지를 알고 있다. 그 기회 때만 진입을 하면 계속해서 좋은 수익률을 올릴 수 있게 된다. 하지만 거의 모든 거래자들은 그 기회가 올 때까지 기다리지 않고 빈번한 거래를 한다. 그 좋은 기회가 자주 오는 것이 아니기 때문이다. 즉 좋은 기회가 아닐 때도 거래하게 되고 그때 당연히 손실을 당하게 된다. 적은 계약수로 손실을 당하면 다행이지만 많은 계약수로 거래를 하다가 손실을 당하게 되면 좋은 기회 때 자금이 없어 기회를 잘 살리지 못하게 되는 것이다.

적은 계약수로 간헐적으로 거래하다가 좋은 기회가 오면 잡을 수 있다. 추세가 반대 방향으로 된다고 하더라도 손실액이 적어서 손절을 자유롭게 할 수 있기 때문이다.

이렇게 적은 계약수로 인한 좋은 점이 많음에도 불구하고 거의 대부분의 거래자들이 적은 계약수로의 거래를 하지 않고 있는 것은 수익에 대한 욕심이 있기 때문이다. 욕심을 버리는 것이 오히려 생존, 그리고 수익에 도움이 된다는 것을 상기하자.

조금 부족하다는 생각이 들 정도의 크기로 초기 계약수를 정하는 것이 좋다. 또한 추가 진입에서도 어느 정도 자신이 정한 계약수로 진행하는 것이 좋다.

추가 진입을 하더라도 보통 다른 때와 다르게 조금 더 추가 진입하게 되면 거래할 때마다 조금 더 추가한 계약수가 자꾸 생각이 나고 그것으로 인해 부담감이 늘어나게 된다. 한마디로 계속 부담스러운 생각이 들게 된다. 수익이 발생하고 있으면 그렇게 되지 않는데 손실이 발생하게 되면 다른 때보다 조금 더 추가해서 포지션을 가지고 있다는 것이 많은 부담이 된다. 그런 때는 더 추가해서 부담이 되는 계약수를 줄이면 된다.

조금 적게 들어가는 것이 오히려 수익에 도움이 됨과 동시에 마음의 평안도 가질 수 있어 좋다. 한평생을 계속 거래를 할 것인데 무리하게 거래를 하면서 심적으로 부담되는 것보다는 마음이 평안한 것이 더욱더 건강에 도움이 될 것이다.

02 수익에 필요한
적은 거래 횟수

대부분의 거래자들이 착각하고 있는 것이 있다. 계속 거래에 참여해야 수익을 얻을 수 있다는 생각이다. 수많은 기회가 매초마다 온다는 것은 인정하는 바이다. 그 많은 기회 중에 수익률이 좋을 가능성이 있는 좋은 기회에 참여해야 한다. 그 많은 기회 중에 아무 때나 시장에 참여한다면 수익보다는 손실이 발생될 수 있다.

장중에 계속 거래에 참여할 필요는 없다. 포지션을 가지고 있으면 차트를 볼 때 자신이 보고 싶은 모양의 차트를 스스로 그려서 보게 된다. 착각 혹은 편견을 가지게 되는 것이다. 포지션을 가지고 있지 않을 때 가장 차트를 편견 없이 볼 수 있다.

방향을 정할 때 차트를 편견 없이 보는 것이 정말 중요하다. 방향을 제대로 보게 되고 거래에서 수익을 얻을 수 있을 가능성을 높일 수 있다.

거래를 빈번히 많이 하는 거래자의 대부분은 손실을 당하고 있는 것을 확인할 수 있다. 나는 보통 좋은 기회라는 것이 각각의 종목(국내지수 선물, 해외 선물)마다 차이가 있지만 통상적으로 한 종목에 1~2일에 한 번 정도 발생된다고 생각한다. 충분히 휴식을 취하고 있다가 좋은 기회를 활용하면 된다.

기다림은 수익을 확보하게 한다. 많은 기다림은 더 좋은 기회를 제공받을 수 있다. 특히나 120분봉 차트를 기준으로 기준선 아래에서 매도와 청산을 반복하고 기준선 위에서는 매수와 청산을 반복하면 좋다. 만일 매도로만 거래하는 사람은 기준선 아래에서 매도와 청산을 반복하며 기준선 위에 지수가 위치한다면 그냥 쉬고 있으면 된다.

거래를 할 때가 있고 해서는 안 될 때가 있다. 해서는 안 될 때 하면 손실이 발생하고 거래를 해야 할 때 해야 수익을 얻을 수 있다.

거래를 하지 않아야 할 때 하면 손실이 발생될 가능성이 많다. 특히 시장의 방향과 다른 방향의 진입을 하게 되면 손실의 가능성이 많아진다.

시장에서 많은 거래를 하는 거래자의 대부분은 양방향으로 거래를 하는 경우가 많다. 시장이 너무 많이 하락했다고 생각되면 매수로 대응을 하여야 한다고 생각하고, 시장이 많이 상승했다고 생각되면 매도로 대응을 한다고 생각 한다.

추세가 조금 강하게 만들어지면 대부분 한 방향으로 진행되는 경우가 많음에도 불구하고 추세의 반대 방향으로 들어가서 손실을 당하게 된다. 추세의 힘은 대부분 한 방향으로 움직이기 마련이고 그 방향으로 많은 시간 지속된다.

차트는 과거의 자취이다. 그러한 자취를 보고 많이 움직였다고 반대방향으로 진입하는 것은 회피해야 한다. 그러함에도 불구하고 대부분의 거래자는 지수의 움직임이 과도하다고 생각하면서 시장의 방향의 반대로 진입하고 손실을 당한다.

오히려 쉬는 것이 수익에 도움이 되는 경우가 많다. 또한 빈번히 많이 거래함으로 인해 정확한 방향으로 진입하지 못할 수 있으며 이렇게 시장과 반대로 진입 후 손실을 더 키우는 물타기까지 하는 경우도 종종 있으니 진입해야 할 방향이 아닌 진입은 가급적 회피하여야 한다. 하지 말아야 할 때는 하지 않는 것이 더욱 수익에 도움이 된다.

03 ～

근거 있는 거래
(물타기 금지)

대박을 꿈꾼다면 근거 있는 거래를 해야 한다.

매도와 매수의 진입을 구분하는 근거가 있어야 한다. 그 근거는 누구나 인정할 수 있는 근거여야 한다. 그것은 타당성이 있어서 다른 거래자들도 인정할 수 있어야 한다. 물론 수익이 담보되는 것이어야 한다.

기준선이 존재해야 하며 기준선 아래에서는 매도로 대응하고, 기준선 위에서는 매수로 대응해야 한다. 그러나 그 기준선의 기준은 거래자마다 다를 수 있다. 빈번히 기준선에 닿는 것을 회피해야 하며 너무 오랫동안 닿지 않는다면 그것 역시 회피해야 한다. 적절한 빈도로 닿아야 적절히 거래가 가능할 것이다.

거래자의 성향에 맞게 차트가 설정될 것이며 그러한 설정은 거래자 스스로 정할 수 있다. 빈번히 거래하기를 좋아한다면 1분봉, 2분봉, 100틱봉 차트 등 조밀하게 설정해서 빈번히 닿게 하면 된다.

나는 빈번히 거래하는 것을 좋아하지 않는다. 하루에 2~3번 정도 진입이 되게 하면 좋다고 생각한다. 그래서 국내 선물은 125틱봉 차트를, 해외선물은 500틱봉 차트를 기준으로 한다. 이렇게 거래자 스스로 자신의 기준선을 만들 수 있다.

기준선을 '파란선'이라고 하면 이러한 기준선 위에는 매수로, 대응 기준선 아래에서는 매도로 대응하면 된다.

우리가 흔히 이야기하는 추세는 큰 차트로 확인할 수 있다. 적게는 30분봉 차트, 60분봉 차트, 120분봉 차트, 일봉 차트 등을 기준으로 하면 된다.

거래를 하다보면 자신이 있는 위치를 망각할 때가 있다. 거래에 집중하다 보면 자신이 매도를 하고 있었는지 매수를 하고 있는지를 모를 때가 있다. 특히 양방향으로 거래를 하는 거래자들이 그렇다.

나는 단방향 거래를 하려고 노력한다. 단방향의 좋은 점은 쉬는 구간이 존재한다는 것이다. 매도를 하는 매도자라면 기준선 아래에서는 매도하다가 차트가 기준선 위로 올라갔을 때는 매수를 하거나 거래를 멈추면 된다.

근거 있는 거래는 수익에 관련된 이야기다. 거래를 하지 않을 때 거래를 하지 않는 것은 손실을 당하지 않는 방법이고 근거 있게 거래를 하는 것은 수익을 얻는 방법이다. 거래를 해야 할 때를 규정하는 것이 기준선이고 그 기준선에 맞게 거래를 하는 것이 근거 있는 거래라 할 수 있다.

대부분의 거래자들은 자신이 원할 때 거래를 한다. 자신이 원할 때라는 것은 근거 없는 거래가 대부분이고 그러한 근거 없는 거래는 대부분 손실로 마감이 되게 되어있다. 왜냐하면 거래하고 싶은 감정은 대부분 시장의 움직임에 현혹되어 만들어지게 되어있기 때문이다. 또한 그러한 시장의 현혹에 근거 없는 거래의 대명사인 물타기도 하게 된다. 즉 자신도 모르는 사이에 많은 계약수로 시장과 반대 방향으로 진입하게 된다.

손실 중에 새로운 진입이 근거 없이 이루어지게 되는 것에 "근거 없이 거래한다"는 표현을 쓰며 이렇게 계속 추가로 진입을 하게 되면 그것은 물타기가 된다.

예를 들어 큰 차트에서 추세가 상승 중일 때 매도로 진입해 있다고 해보자. 손실이 발생되는 와중에 차트가 파란선을 건드리지 않는 상태에서 감성적(느낌)으로 지수의 하락이 느껴져서 손절 예약 없이 추가적인 매도를 했다고 해보자. (근거 없는 거래) 다행히 지수가 하락하면 다행이겠지만 그렇지 않고 지수가 추가적인 상승을 하게 되면 또다시 감성적으로 추가 매도를 자신도 모르는 사이에 하게 된다. 한 번 근거 없는 거래를 시작하게 되면 추가로 계속 근거 없는 거래를 계속하게 된다.

이렇게 근거 없는 거래를 하게 되는 것은 습관이다. 손실을 주는 나쁜 습관이다. 계속 손실을 당하는 거의 모든 거래자들은 이러한 나쁜 습관을 하나 이상 가지고 있다.

손실을 당하지 않으려면 나쁜 습관을 없애야 한다. 이러한 나쁜 습관의 대부분은 기준선(파란선)을 기준으로 거래하면 차단할 수 있다. 근거 있는 기준선 거래를 계속하게 되면 수익을 계속 얻을 수 있다. 또한 거래할 때와 거래를 하지 않아야 할 때를 구분할 수 있다. 또한 거래 중에 쉬는 구간을 만들어서 새로 진입할 때 차트를 정확히 볼 수 있게 해준다.

PART 5

새로운 기회,
해외선물

몇 년 전부터 갑자기 해외선물을 거래하는 거래자들이 조금씩 늘어나기 시작했다. 아마도 처음 국내지수 선물을 거래하려고 하는 거래자에게 국내지수 선물에 대한 교육을 받고 모의 투자 기간을 가지게하는 법이 생기자 교육과 모의투자 없이 계좌 개설과 동시에 바로 거래를 할 수 있는 해외선물이 각광을 받은 것으로 보인다.

해외선물 거래의 장점은 하루 1시간 정도를 제외하고는 계속 장이 열린다는 것이다. 국내시장의 경우 아침 9시에서 오후 3시 45분까지주간장이 열리고 오후 6시부터 새벽 5시까지 장이 열리는데. 해외선물의 변동성이 훨씬 크기 때문에 대부분의 거래자들은 국내지수 선물을 거래하기보다는 해외선물을 거래하기를 더 선호한다.

이 책은 유안타증권의 HTS를 활용하여 만들어졌다. 유안타증권의경우 지점 창구에서는 제휴업체 안에 '월드에프엔에이치 추장'으로.비대면으로는 투자 유치자를 전문가 그룹 안에 '월드에프엔에이치 추장'으로 등록하면 누구나 해외선물의 수수료를 3불로 거래할 수 있으니 비싼 수수료로 거래하는 거래자라면 활용하기 바란다. 물론 주식과 국내지수 선물도 등록이 가능하다.

먼저 거래를 할 수 있는 상품은 어떤 것이 있는지 살펴보자.(이하
키움증권 참고)

해외선물은 지수, 통화, 금리, 에너지, 금속, 농축산물, 소프트/
기타로 나누어진다.

▪ 지수

MSCI 중국지수, Mini-DAX, 미니 S&P500 지수, 미니 S&P 미
드캡 400, DAX 지수, 유로스톡스50 지수, Mini-VSTOXX, GSCI
인덱스, 항생중국지수, 홍콩항생지수, 니프티 지수, 미니항생중국
지수, 홍콩미니항생지수, 니케이225엔, 니케이 225 지수, 미니 나스
닥100 지수, 니케이225달러, 푸본 SSE 180 ETF 선물, FTSE중국
A50, 싱가폴지수

- 통화

호주 달러, 마이크로 호주 달러, 영국 파운드, 마이크로 영국 파운드, 브라질 헤알, 캐나다 달러, 홍콩 위안, 유로, 미니 유로, 마이크로 유로, 인도 루피, 일본 엔, 미니 일본 엔, 한국 원, 마이크로 일본 엔, 멕시코 페소, 뉴질랜드 달러, 러시아 루블, 유로/엔, 스위스 프랑

- 금리

T-노트 10년물, T-노트 2년물, T-본드 30년물, T-노트 5년물, 유로달러, 유라이보 3개월물, 유로장기국채, 유로중기국채, 유로단기국채, 유로30년 국채, 미니 일본 10년물 국채, Ultra T-Note 10년물

- 에너지

원유, 난방유, 천연가스, 미니 천연가스, 미니 원유, 가솔린

- 금속

금(100온스), 전기동, 팔라디움, 백금, 은 (5000온스)

- 농축산물

비육용우, 생우, 지육돈, 옥수수, 대두유, 대두박, 귀리, 쌀, 대두, 밀

- 소프트/기타

목재

02 거래자들이 선호하는
해외선물 상품들의 특징

요즘 해외선물 거래자들이 선호하는 종목은 오일, 항생지수, 골드, 나스닥, S&P500 지수, 유로FX 등이다.

조금 더 살펴보자.

- **오일**Crude Oil (위탁증거금 $3,795 유지증거금 $3,450)

상품코드: CL

거래소: NYMEX

거래 통화: U.S. Dollar

계약 단위: 1,000 barrels

틱 단위: 0.01

틱 가치: $10.00

가격제한폭: ±$10.00/barrel, 도달 시 5분 거래 정지

재개 후 제한폭: ±$10.00/barrel 확대 과정 반복

결제월: 금년+이후 5년(연속 결제월)+이후 3년(6,12월 결제월)

최종 거래일: 결제월 전월 25일 3영업일 전

최초 통보일(FND): 최종 거래일 2영업일 후

결제 방법: 실물인수도

거래 시간(한국기준): 08:00~07:00

＊ 미국 서머타임 적용 시 거래 시간 한 시간씩 앞당겨짐

■ **항생**Hang Seng (위탁증거금 홍콩$133,399 유지증거금 홍콩$106,719)

상품코드: HSI

거래소: HKEX

거래 통화: HKD

계약 단위: Hang Seng 지수 X HKD 50

틱 단위: 1 Index Points

틱 가치: HKD 50

가격제한폭: 없음

결제월: 최근 연속 2개 월물 및 분기 월물 중 최근 2개 월물

최종 거래일: 결제월 최종 영업일 전 영업일

결제 방법: 현금결제

거래 시간 (한국 기준):

       Pre-Market 9:45~10:10 (주문/취소/정정 가능)

       10:11~10:15(주문/취소/정정 불가능)

오전장 (T) 10:15~13:00

Pre-Market 13:30~13:55 (주문/취소/정정 가능)

13:56~14:00 (주문/취소/정정 불가능)

오후장(T) 14:00~17:30 (최종거래일의 경우 17:00 종료)

야간장 (T+1) 18:15~02:00

- 골드^{Gold} (위탁증거금 $3,410 유지증거금 $3,100)

상품코드: GC

거래소: COMEX

거래 통화: U.S. Dollar

계약 단위: 100 troy ounces

틱 단위: $0.10

틱 가치: $10.00

가격제한폭: 없음

결제월: 연속 3개월 + 23개월 내 2, 4, 6, 8, 10, 12월 + 72개월
내 6, 12월

최종 거래일: 결제월 최종 영업일 2영업일 전

최초 통보일(FND): 계약월 전월 최종 영업일

결제 방법: 실물인수도

거래 시간 (한국기준): 08:00~07:00

* 미국 서머타임 적용 시 거래시간 한 시간씩 앞당겨짐

■ 나스닥^{mini NASDAQ 100} (위탁증거금 $6,380 유지증거금 $5,800)

상품코드: NQ

거래소: CME

거래 통화: U.S. Dollar

계약 단위: 지수선물 가격 X $20

틱 단위: 0.25 Index Points

틱 가치: $5.00

가격제한폭: ±5%

결제월: 3,6,9,12월(5개 결제월)

최종 거래일: 결제월 3째 금요일

결제 방법: 현금결제

거래 시간: 08:00~06:15, 06:30~07:00 (최종 거래일 23:30 조기 종료)

* 미국 서머타임 적용 시 거래시간 한 시간씩 앞당겨짐

■ S&P500지수^{Mini S&P500} (위탁증거금 $6,380 유지증거금 $5,800)

상품코드: ES

거래소: CME

거래 통화: U.S. Dollar

계약 단위: 지수선물 가격 X $50

틱 단위: 0.25 Index Points

틱 가치: $12.50

가격제한폭: ±5%

결제월: 3,6,9,12월(5개 결제월)

최종 거래일: 결제월 3째 금요일

결제 방법: 현금결제

거래 시간 (한국기준): 08:00~06:15, 06:30~07:00 (최종 거래일 23:30 조기 종료)

* 미국 서머타임 적용 시 거래시간 한 시간씩 앞당겨짐

■ 유로FX^{Euro FX} (위탁증거금 $2,530 유지증거금 $2,300)

상품코드: 6E

거래소: CME

거래 통화: U.S. Dollar

계약 단위: EUR 125,000

틱 단위: $0.00005/EUR

틱 가치: $6.25

가격제한폭: 없음

결제월: 3,6,9,12월(20개 결제월)

최종 거래일: 결제월 3째 수요일 2영업일 전

최초 통보일(FND): 최종 거래일과 동일

결제 방법: 실물인수도

거래 시간 (한국기준): 08:00~07:00

* 미국 서머타임 적용 시 거래시간 한 시간씩 앞당겨짐

특히나 오일과 항생지수는 거의 모든 거래자가 관심을 가지고 거래를 한다고 보면 된다. 이유는 변동성이 큰 종목이기 때문이다.

오일의 차트를 보자.

오일120분봉 차트

66에서 매수를 하고 68에 청산을 하였다면 6월 22일부터 8월 23일까지 4번에 걸쳐서 수익을 얻을 기회가 있었음을 알 수 있다. 또한 68에서 매도하고 66에 청산을 하였다면 3번 수익의 기회를 얻을 수 있었다.

계약수를 몇 계약으로 하였는지가 수익의 크기를 결정하겠지만 1계약당 $2,000의 수익을 얻는다.

2달에 걸쳐서 2계약을 매수와 청산으로 거래했다면 4번의 수익의 기회를 얻었으니 2계약×$2,000×4번 = $16,000의 수익을 얻게 된다.

물론 매도와 청산을 해서 수익을 얻는 것까지 계산하면 2계약×$2,000×3번 = $12,000의 수익을 더 얻을 수 있겠다. 합하면 $28,000의 수익이다. 단지 2계약으로 거래를 했을 뿐인데 그 정도의 수익을 얻을 수 있다.

변동성이 큰 시장은 돈 버는 습관을 가지고 자기 원칙을 지키면서 거래를 하면 당연히 큰 수익을 주기마련이다.

오일은 만기에 결제 방법이 실물인수도이기 때문에 증권사에서는 만기일 2~3일 전에 만기 날이 다가왔음을 알려준다. 실지로 만기 날 청산을 하지 않은 고객의 경우 실물인수를 받는 일이 발생된 적이 있다고 하니 증권사에서는 만기 전에 청산하라고 미리미리 알려주는 것이다.

오일의 경우 수요일 저녁 11시 30분에 발표되는 주간원유재고 발표와 토요일 새벽 2시에 발표되는 베이커 휴즈 원유채굴장비수의 영향을 받는 경우가 많다. 또한 원유상품 자체가 전략 상품이라는 인식을 가지고 있어야 하며 각 나라 간의 정치적인 이해관계로 인해 가격이 움직이는 경우가 많다는 것을 알아야 한다. 따라서 과도한 포지션을 잡는 일이 있어서는 안 되는 상품이다. 10년에서 15년 정도에 한 번씩 가격이 낮았다가 높아지는 현상이 발생되는 경우가 많은데 이러한 변동성을 잘 활용하면 큰 수익을 얻을 가능성이 많다.

2018~2019년도의 이벤트로는 아람코의 상장이 예정되어 있으며 상장을 하기 전에 유가의 가격이 높아질 것이라는 전망을 하는 곳이 많으니 상장 전까지는 매수로 포지션을 잡으며 거래를 하면 수익에 도움이 될 것이다.

항생을 살펴보자.

항생 120분봉 차트

일정한 패턴을 보여주고 있으며 변동성도 크게 나타났다. 신호대
로 거래를 했다면 큰 수익이 가능했을 것이다.

항생의 경우 국내선물을 거래하는 시간과 비슷한 시간대(오전 10
시 15분)에 시작한다.

국내 선물과 항생을 비교하면 항생이 2배 이상의 변동성을 보여
준다. 따라서 요즘 항생은 다른 상품보다 더 많은 거래자가 거래를
하고 있다. 다만 이러한 큰 변동성으로 인해 큰 수익을 얻거나 큰
손실을 당하는 경우가 빈번하게 나타난다. 또한 다른 상품보다 더
적은 계약수로 거래하여야 한다고 필자가 회원님들께 계속 이야기

를 하는 상품이다.

항생의 호가 창에 나타나는 한 호가의 계약수가 1~2개가 있는 경우가 자주 있는 상품이며 그만큼 변동성이 크게 나타나니 정말 적은 계약수로 대응해야하는 종목이다.

선물의 특징 중에 매도를 먼저 할 수 있는 것이 얼마나 큰 장점인지 모른다. 상승과 하락 중에 추세에 맞게 거래하면 수익을 얻을 수 있다.

골드를 살펴보자.

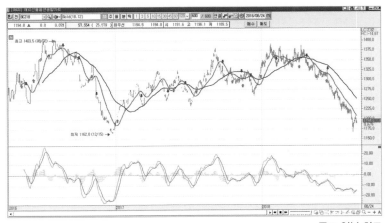

골드 일봉 차트

골드의 경우 안전 자산이라는 평가를 받는 상품이다.

시장상황이 어렵거나 정치적인 불안감이 증폭될 때 골드의 가격은 상승하기 마련이다. 특히 타 통화 대비 달러의 값을 나타내는 달러인덱스라는 것이 있는데 금선물은 이 달러인덱스와 반대방향으로 움직이는 경우가 많다.

골드 선물의 경우 어떠한 지표가 발표될 때뿐만 아니라 평상시에도 1초에 20~30틱의 움직임을 보이는 경우가 많다. 이럴 때 손절예약이나 손절예약을 MIT(STOP)에 걸어놓은 경우 원했던 가격이 아니라 엉뚱한 가격에 계약이 체결될 수 있으니 조심해야 한다. 나의 경우 이러한 움직임으로 인해 자주 거래를 하지 않는다.

각각의 해외선물의 상품들에는 각각의 특징이 있다. 그 특성 중에 가장 큰 것은 정보의 공정한 투명성이다.

한국의 증시 격언에 "소문에 사고 뉴스에 팔아라"라는 말이 있다. 그 정도로 한국은 내부 정보를 이용하여 거래를 하는 내부 거래자들이 많이 존재한다는 방증이다.

하지만 미국은 내부 정보를 이용한 거래에 가혹한 책임을 묻기에 내부 정보를 이용한 거래를 회피하려고 노력한다. 따라서 정보가 공개된 그 순간 모든 거래자에게 내부 정보가 공개된다. 즉각적인 시장의 반응이 나타난다. 나스닥 선물이나 S&P500지수 선물의 경우가 그렇다.

안타깝게도 처음 해외선물을 거래하는 한국 거래자의 경우 지금 공개되는 정보의 가치를 낮게 책정하거나 흘려듣는 경향이 있다. 지금 공개되는 정보가 이미 가격에 선반영되었다는 생각을 하며 관심을 가지지 않는다.

한국과 외국은 다르다. 해외선물을 거래하는 거래자라면 정보가 공개되는 순간 즉각적인 반응을 해야 할 것이다.

해외선물의 경우 정말 다양한 상품이 존재한다. 이렇게 다양한 상품 중에 자신에게 맞는 상품을 찾아내고 거래를 해야 한다.

나의 경우 해외선물을 처음 시작할 때 S&P500지수 선물을 주로 거래했다. 현재까지의 총합은 손실 중이다. 추세 상승 중에 매도를 하면서 거래를 했으니 당연히 손실을 당할 수밖에 없었다. 역시 아무리 거래 방법이 좋아도 방향이 틀리면 어떻게든 손실을 당하는 것이 당연하다. 그러던 중에 오일을 조금씩 거래하기 시작했는데 오일에서는 계속 수익을 얻을 수 있었고 그래서 계속 수익 거래를 하고 있다.

각 거래자마다 잘 맞는 상품이 있다. 그것은 직접 거래를 해보아야 알 수 있다. 물론 변동성이 큰 종목부터 나와 맞는지 확인을 해야 할 것이다. 자신과는 잘 맞지만 변동성이 낮아 수익 내기가 어렵다면 거래를 할 수 없기 때문이다.

시장이 아무리 어렵고 한 치 앞도 모른다고 하더라도 해외선물의 다양한 상품 중에 수익을 얻을 수 있는 상품은 존재하기 마련이고 그러한 상품을 거래하면 된다.

S&P500지수 선물을 살펴보자.

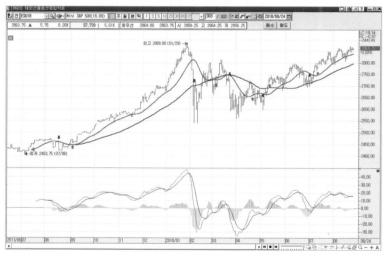

S&P500지수 선물 일봉 차트

트럼프가 당선된 후에 계속 상승이 일어났다. 이렇게 일봉 차트를 보면 S&P500지수 선물의 경우도 변동성이 낮은 상품은 아니라는 것을 확인할 수 있다.

나스닥을 살펴보자.

나스닥 일봉 차트

차트를 보면 S&P500지수 선물과 거의 똑같은 움직임을 보이는 것을 확인할 수 있다. S&P500지수 선물보다는 조금 더 크게 움직이는 모습을 보이는 경우가 많으며 변동성이 S&P500지수 선물보다는 더 크다 할 수 있다.

다시 한 번 이야기하지만 주식과 관련된 지수는 역사적으로 결국에는 상승하게 되어있다. 잠깐씩의 하락은 존재할 수 있겠지만 결국에는 상승한다. 나스닥과 S&P500지수 선물의 경우가 그렇다.

유로FX를 살펴보자.
해외선물상품에서 유로FX는 통화선물 중에 가장 큰 규모를 자랑한다. 통화 중에 가장 많이 거래되는 미국의 달러와 제2의 기축통화로 알려져 있는 유럽 유로화의 교환비율을 상품으로 하기 때문이다.

주로 많이 거래되는 시간은 오후 5~7시 정도로, 유럽시장이 개장하기 직전과 직후의 시간대다.

유로FX 일봉 차트

위의 그림을 보더라도 큰 변동성을 가지고 있는 상품이며 정치적
인 영향으로 움직이는 경우가 많아 해외뉴스를 잘 살피면서 거래
를 해야 하며 가급적 포지션을 크게 가지고 거래하는 것은 회피해
야 할 것이다.

해외선물의 경우 매수 후 청산을 할 수도 있지만 매도 후 청산도
가능하다. 그리고 다시 한 번 주장하지만 방향이 틀리면 안 된다.
방향이 맞아야 수익을 얻을 수 있다.

1997년 7월 7일 주가지수 옵션시장이 개장되었다.

개인적으로 그 즈음에 옵션거래를 시작한 후로 15년을 세상과 담을 쌓다시피 하며 옵션거래에 집중하였다. 결과는 계속 큰 손실을 보다가 나중에는 계좌폐쇄를 당하고 말았다. 그때 거래를 계속하지 못하게 되자 큰 낙담을 하였다. 하지만 6년 전쯤서부터 주로 선물거래를 하며 조금씩 수익을 얻는 즐거움을 얻게 되었다.

주가지수 옵션거래는 방향과 변동성, 시간을 맞추어야 하는 상품이다. 그리고 그 세 가지 조건과 함께 많은 계약수를 보유하고 있어야 수익을 극대화 시킬 수 있는 상품이다. 방향과 변동성과 시간을 맞추어도 많은 옵션 계약수를 보유하고 있지 않으면 큰 수익을 얻을 수 없다.

개인적인 생각이지만 주가지수옵션 상품은 개인 투자자에게 주어서는 안 되는 상품이라는 생각이다.

지금도 가끔 주가지수 옵션을 거래하는 거래자를 보면 안타까운 마음이 있다. 많은 포지션을 가지고 시장에 대응을 하지만 결국에는 손실로 끝날 것을 알기 때문이다. 지금 수익을 올리더라도 결국에는 큰 손실로 계좌가 폐쇄될 것을 알기 때문이다.

따라서 나는 주가지수 옵션거래를 하지 말라고 자주 이야기를 한다. 주가지수 옵션거래에서 매수자에게 가장 무서운 것이 내가격이 되지 않을 때다. 내가 100만 원을 보유했든 1억을 보유했든 내가격이 되지 않으면 '0'이 된다.

예전에 만기 하루 전 날 3억 정도의 포지션을 보유했으나 만기 날 내가격이 안 돼서 '0'이 된 경우도 있다. 이렇게 가지고 있던 현금이 '0'이 되는 충격은 견디기 힘들며 대부분 안 좋은 선택을 하게 된다. 그래서 주가지수 옵션 거래자의 대부분은 자살로 마감되곤 한다.

수익을 본격적으로 얻기 시작한 것은 선물 거래를 시작하고서부터다. 선물 거래는 적절한 시간 동안에 방향을 맞추는 상품이다.

적절한 시간이 30분, 하루, 일주일 등등의 기간일 수 있다. 그러나 만기가 3개월이라 그 시간 안에 한정된다고 생각하고 거래해야 한다. 물론 롤오버시키기도 하나 그것은 잠시의 시간을 늘려줄 뿐이다.

예전에는 선물로 대박이 가능하다는 생각을 하며 거래를 하였다. 요즘은 그러한 생각보다는 하루 일당을 번다는 생각으로 거래를 한다. 물론 포지션 거래라는 것이 있어서 당일 청산하는 것보다는 조금 더 길게 거래를 하며 조금 더 수익을 얻으려고 하기는 하지만 그것은 되면 좋고 안 돼도 어쩔 수 없다는 생각에 그리 기대를 많이 하고 있지는 않다. 물론 이것 역시 방향만 맞으면 큰 수익으로 돌아온다.

어찌 되었든 선물을 거래하면 좋은 점은, 돈 버는 좋은 습관을 가지고 있으면 계속 수익을 얻을 수 있다는 것이다. 예전에 처음 선물 거래를 시작할 때는 자신도 모르게 가지고 있던 나쁜 습관으로 인해 계속 손실을 당하였다.

옵션과 다르게 선물은 적당한 시간 안에 내가 원하는 방향으로 진행되면 수익을 얻는 구조로 되어있다. 즉 어느 정도의 기간 동안 손실을 당하면서 내 방향으로 오는 것을 기다리면 되는 구조로 되어있다.

주가지수 선물은 옵션에 있는 시간이 지나면서 계속 가치가 소멸되며 매수자에게 손실을 당하게 하는 시간가치라는 개념이 없다. 즉 자신의 방향으로 진행될 때까지 기다리면 수익을 얻을 수 있는 것이다.

따라서 필자가 돈 버는 좋은 습관이라고 계속 주장하는, 생존을 위한 적은 계약수, 수익을 위한 적은 거래 횟수, 근거 있는 거래(물타기 금지)로 거래를 계속하니 당연히 수익을 얻을 수밖에는 없게 된 것이다.

나의 경우 원래 하락에 대한 선호도가 높아 주가지수가 상승할 때 선물 매수를 거의 하지 않으면서 쉬는 경우가 많았다. 그러다가 선물이 생긴 이유에 대한 생각에 주식에 관심을 가지게 되었다.

지수 하락 시 선물 매도를 하였지만 지수 상승 시 선물 매수보다는 개별종목의 주식을 매수하는 것이 더욱더 수익을 극대화시킬 수 있을 것이라는 생각을 하게 된 것이다.

그래서 주식을 매수하기 시작했으며 현재까지도 계속 매수하고 있다. 주식을 매수할 때는 매출액이 조금씩 상승하며 배당 성향이 높은 종목 등 몇 가지 요건에 맞는, 미래에 망하지 않을 것 같은 주식들을 매수하고 있다. 계속 매수하며 아마 한동안 청산하려고 하지 않을 것이다. 단기적으로는 2년, 많게는 10년 정도면 어느 정도의 결과가 나올 것이다.

주식의 좋은 점은 망하지 않는 회사의 주식이라면 상속도 가능하며 미래에 언제든 오르기만 하면 된다는 것이다. 즉 계속 보유함으로 인한 상승을 기대할 수 있는 것이다.

계속 매수를 할 생각에 30개 종목 이상을 매수할 것이니 10년 이상이 되면 어느 정도 변화가 있을 것이다. 어떤 회사는 폐업을 하였을 것이고 어떤 회사의 주식은 10배 이상 상승한 종목도 있고, 반 토막 난 주식도 있을 것이다. 하지만 자신이 가지고 있는 종목 중 3개 이상에서 10배 이상의 상승이 나타난다면 큰 자산의 상승이 나타난다. 이러한 변화를 기다리며 지금 주식의 매수를 추천하는 것이다.

국내 선물의 경우 주식을 대용 잡아 국내지수 선물의 증거금으로 활용할 수 있다. 이러한 제도를 잘 이용하여 보유 주식들을 선물 거래를 하는데 활용하면서 주식 배당수익과 주식의 시세차익 등으로 수익을 배가 시켜야 할 것이다.

이 책의 내용은 계속적으로 큰 수익을 기대하는 장기적인 주식의 수익과, 주식을 증거금으로 활용한 단기적인 국내지수 선물 거래의 수익에 대한 것이다. 물론 해외선물 상품에 대한 개인적인 생각도 적혀 있다. 이 책이 현재 계속적인 손실을 당하며 고생하는 파생인에게 수익을 얻을 수 있는 단초가 되었으면 한다.

필자의 경우 주가지수 선물을 거래하기 시작한 후 2012년 4월 5일을 기점으로 점진적인 수익을 얻을 수 있었다. 4월 5일의 차트를 복사한 후 손실이 발생된 날에는 복사해둔 이날의 차트를 보며 그때의 기억을 되살리려고 노력하곤 했다.

필자에게 수익의 단초가 되었던 차트로 마무리하고자 한다.

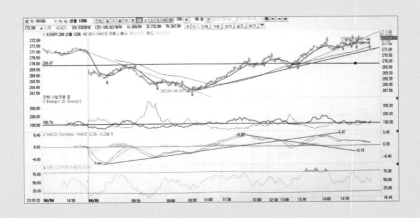

성공할 수밖에 없는
매매 습관 들이기

초판 1쇄 인쇄 2018년 08월 29일
초판 1쇄 발행 2018년 09월 10일
지은이 박용삼

펴낸이 김양수
편집·디자인 이정은
교정교열 박순옥

펴낸곳 도서출판 맑은샘
출판등록 제2012-000035
주소 경기도 고양시 일산서구 중앙로 1456(주엽동) 서현프라자 604호
전화 031) 906-5006
팩스 031) 906-5079
홈페이지 www.booksam.kr
블로그 http://blog.naver.com/okbook1234
이메일 okbook1234@naver.com

ISBN 979-11-5778-331-1 (03320)

* 이 책의 국립중앙도서관 출판시도서목록은 서지정보유통지원시스템 홈페이지
  (http://seoji.nl.go.kr)와 국가자료공동목록시스템(http://www.nl.go.kr/
  kolisnet)에서 이용하실 수 있습니다.
  (CIP제어번호 : CIP2018028008)
* 이 책은 저작권법에 의해 보호를 받는 저작물이므로 무단전재와 무단복제를 금지하
  며, 이 책 내용의 전부 또는 일부를 이용하려면 반드시 저작권자와 도서출판 맑은샘의
  서면동의를 받아야 합니다.

* 파손된 책은 구입처에서 교환해 드립니다.   * 책값은 뒤표지에 있습니다.

맑은샘은 휴앤스토리의 단행본 출판 브랜드입니다.